SUPER
CONNECTOR

朋友圈的人际高手

快速找到你想找的任何人

诸葛思远◎著

江苏凤凰文艺出版社
JIANGSU PHOENIX LITERATURE AND ART PUBLISHING, LTD
北京华语联合出版有限责任公司

目录
Contents

第1章

人脉无需设计，想要就能找到

——超级人脉术所涉原理、前提和标准

Chapter 1

获取人脉的第一步是把人找到，第二步是初步的结识。结识成功，才谈得上价值交换的可能；交换发生后，人脉就被获取到了。那么，把人找到的标准是什么？怎样才算结识了对方？更进一步，如何快速、高效地找到和结识他？

（一）你设计，或者不设计，人脉就在那里，不增、不减

大家好，我是诸葛思远，在你读这本书之前，我想先做个自我介绍。我硕士毕业于清华大学新媒体专业，后在密歇根大学读 MBA，回国后任密歇根大学商学院北京校友会副主席，负责会员管理。美国联邦调查局（FBI）的探员称赞我找人的能力可以和他做同行；我的前任老板，同时也是马云的首轮机构投资人，惊讶于我在获取几乎任何所需人脉时极高的效率。

在过去的两年中，在领先的互联网智库“在行”上，我为近两千名学员提供了关于“找人”的咨询服务，帮助他们迅速地找到并结识了自己想找的人：包括很多企业家、管理者、产品经理、技术大拿、学者教授、艺人明星、体坛名将、金融才俊、甚至外国高官……新华社、《中国日报》和《第一财经周刊》等媒体因此报道了我，甚至我非常非常尊敬的前雇主马化腾先生也在他的著作《分享经济》一书中写到了我，还帮我算了一

笔账，我特别感谢他能够提到我。

所以说，过往的经历使我在人脉获取方面累积了一套高效、实用的方法体系。在接下来的内容中，我会与大家分享这套“超级人脉术”，为你解答快速获取人脉的十五个核心问题，诸如“怎样让人脉裂变式暴增”“哪些工具和套路可令获取人脉的便捷度发挥到极致”“遵循哪些沟通原则能让你成功结识陌生牛人”等等，帮助你成为像我一样轻松自如、犀利高效的找人高手和人脉神探。

我相信，无论你是不是经常被领导或KPI逼着找到客户和合作方，或者公司处于极速上升期充满着欲求不满的人才饥渴，又或者求职时被HR莫名无视一怒之下誓要找到老板本人，再或者创业项目万事俱备只缺明智的投资人慧眼识珠……任何事，只要急需人际协作，我的课程就一定会对你有所帮助。

首先，我们都知道人脉思维非常重要，但是，重要到什么程度呢？来看一个我身边的真实故事。

我曾经念过新闻传播学院。虽然学校名气大，但由于对口的都是新闻媒体等事业单位，毕业生起薪是不太理想的：在北上广，年均不过四五万。连我们学生会主席去了某央级大报，刚开始月薪都不够支付房租。但是，毕业后第二年，突然我就听说本院的学妹楼某某（化名）[①] 直接斩获了高盛和“大摩”；不含各种奖励，基础年薪便达到 45 万，瞬间成了爆炸性新闻。有人感叹道：就算清华北大经管学院的本硕博加在一起，能被两大投行校招录用的比率也不会超过 1%，何况新闻专业的妹子！

被震撼的我慢慢想明白了这件事，楼学妹能跨专业还能一跃而获得如此之高的职场起点，她的人脉战术起了决定性的作用。多少次，我听说她“厚着脸皮”去蹭经管学院的各种沙龙各种会，尽其所能向与会者展示对投行的热情。虽然看起来也就是端杯饮料和人尴尬地聊天，但所谓“为者常成，行者常至”，在做了数不清的无用功之后，终于有一天她获得了关键人脉，求职时得到了有力的内推，于是一路碾压千名竞争对手将当年最大 offer 收入囊中，抛下一群目瞪口呆的我们。

---

① 为保障隐私，书中所涉及的人物大部分使用了化名。

不用拿那些距生活太远的名人和古人为例，相信你看到我师妹的案例，就能感受到人脉思维的重要程度。如果拿名人和古人举例，人脉发挥重要作用的故事将会不胜枚举。想通师妹的成功之道后，很后悔我自己没早一点意识到人脉的分量。

那么，既然人脉如此有用，如此重要，怎样才能让人脉为我所有呢？人脉是从哪里来的？显然不是天上掉下来的吧。

前些年有一本畅销书，叫作《人脉是设计出来的》。我买来看了，发现它其实只字未提怎样把人脉设计出来。想必作者也能感受到“设计人脉”的极端难度。在我看来，虽说人脉如此重要，人人都需要建立正确的人脉思维；但人脉却并不需要设计，而是你想要，想要就能快速地找到！

为什么我强烈主张：人脉不需要设计，尤其是那种非常用心、刻意的设计。原因有如下三点：

其一，由六度空间构成的人际网络是客观存在的。我们绝大多数人身在其中，和其他任何人原本就有连接，也就是说，连接你和别人的脉络天然的就在那里。其二，无论埋头苦干的匠人还是长袖善舞的活动家，他一辈子的成就都只是立足于自身而不是立足于别人，用来钻营人脉的时间多了，用于提升自身价值的时间也就少了。其三，虽然我们不去设计人脉，但只要掌握了适当的方法和工具，需要使用人脉的时候我们就能将它信手拈来，和那些煞费苦心、精心设计人脉的人差别不大。

首先，人脉设计与否，其实它都在那里，不增不减；除非你和新朋友完成了价值交换，又或者你破坏了原有的人际关系。

如果我们定义人脉是“有用的”人际关系，那么，一段人际关系如果产生了或预期能够产生价值交换，一条人脉也就形成了。也就是说，人际关系酝酿着人脉，人际关系的变化往往带来人脉增加的可能。因此，一个人生活轨迹的发展、生活环境的变化才是他人际关系变化从而使人脉增长的主导因素；相比之下，他能“设计”人脉的空间是极其有限的。

举例而言，从你加入某大学或某公司那天起，你的身上就被打上了这个机构的标签，无论你主观上怎么想，你都已经成了它的一分子，这时你的人际关系就发生了变化：你有了一群和你拥有相同标签的人——校友或同事。无论之前是否谋面，交流的时候，他们都会因为标签，自然地对你多些认同。相比没有这一标签的“外人”，他们更容易和你发生价值交换，这时你的人脉就增加了。这可比你挖空心思地把该机构的少数人“设计”和“发展”成自己的人脉要容易得多。

反之，如果一段时间内你的工作生活环境不变，那么你的人际网络和其中酝酿的人脉也基本不变。

其次，我们的生命是极其有限的，精力是非常宝贵的。把时间用于钻营人脉，就无法用于砥砺自身。自身价值不大的话，人脉就算“设计”出来也把握不住。我们想要的人脉当然都是素质较高、能力较强的人，那么这样的人显然不可能是任由摆布的绵羊。人脉的实质，其实是自身价值的投影(self-projection)，如果你没有充足的价值和他交换，他又凭什么当你的人脉为你调遣使用呢?

所谓弱国无外交，庶民无人脉。“社交蒸发冷却效应”说：所谓最想认识别人的人，同时也是别人最不想认识的人；最想要约会的人，也是别人最不想约会的人；最想说话的人，别人最不想听他讲……因此，那些以为关系就是全部，把混圈子当成走捷径的人最终都会失望！如果你是一个 10 分的人，你能奢望 100 分的强人和你交换价值，从而成为你的人脉吗？显然，无论怎么精心“设计”，人家也不太可能上套；除非你先奋斗到八九十分，甚至能和他并驾齐驱。到了那时，获得这条人脉可能仅仅只是动动嘴皮子的事。

罗振宇老师曾讲过，无论你是否次次意识得到，我们做任何事都得付出机会成本。因此，同样的时间精力，用于人脉设计就不能用于自我建设。对于达成我们的目标：获得人脉，需要付出的成本，前者事倍功半而后者事半功倍。聪明的读者觉得应该怎样抉择呢？

最后，获取人脉当然要先和那人接上头；而我认为在这个信息时代，想要迅速把人找到是格外轻松的事。

前面我们提到，客观存在的人际网络是一个“六度空间”，它的基本含义是：只需要通过最多 6 个彼此相识的人，你就能联系到地球上的任何人；尽管地球上目前有超过 70 亿人。“六度空间”定律从提出假说到获得证实，历经了长达 70 年的马拉松实验。直到 2008 年，微软研究院从 MSN 庞大的个人对话数据库里调用 1.8 亿人的统共 300 亿条即时沟通信息，在进行了详尽的大数据挖掘分析之后，最终验证了“六度空间”是真实存在的，即便它肉眼并不可见。

“六度空间”定律说：不分国家，不分民族，不分年龄，你和世界上任何一个陌生人，平均而言中间只隔着 6 个彼此相识的人。排除极少数生活在撒哈拉沙漠、亚马逊丛林、北极圈冰屋，或者特殊国度的人，本定律对至少百分之八十的地球人保证有效。当然，我个人还相信，如果研究者调用的是 QQ 数据库，或者后来的微信数据库，六度缩短到三度也有可能。因为中华传统文化的核心是儒学。儒学既非宗教，也非哲学，而是伦理；伦理探讨什么？翻来覆去就讲人际关系。所以说可以想见，我们中国社会人际网络的紧密程度，不仅能把老外吓一跳，多半也能超过自己的想象。

无论是六度还是三度，都表明人际网络是如此的紧密，世界是如此的小。信息时代来临之后，由于各种极大缩短空间距离的通信工具横空出世，人和人之间的连接也就更加密集了。形象地打个比方：在 20 世纪 90 年代初，我和我喜欢的明星只能靠书信联系，最多登门拜会，并没有共同的友人；而现在，我不仅可以写信或登门，而且可以在其官网、百度贴吧、新浪微博、微信朋友圈和他互动，甚至也可以有他的手机号；我们有共同的朋友，或者我的朋友是他朋友的朋友。

在前信息时代，人和人之间可能只有一两条线彼此相连，中间没有节点；而在今天，人和人之间的连线就很多了，有的线上可能还挂着其他几个人。有着这么多联系，你要找到谁，真的就比过去容易太多了。因为人际网上的线条它就在那里，还挺多。你所要做的，无非是用互联网工具帮你擦亮眼睛，让你看清连接你们的线在哪里，以及哪条线最短而已。

接下来的课程中我会教给大家一些实用的找人工具，不过，我们在找人之前还要解决两个问题——找人的前提和找到人的标准。

（二）获取人脉的前提：有事找人

讲完人脉无需设计的道理，我们就该着手找人了。当然，不是因为人脉好找就要找人，也不是为了找人而找人，这是我想要格外强调的。你有一件事，需要合作或求助，你才应该找人。这是我们找人，或者说获取人脉的前提。北方的读者、相对年长的读者或者身处较为传统行业的读者，你们可能感觉这样不符合你们的习惯，甚至认为“这不是临时抱佛脚吗”，而南方的、相对年轻的，以及处于新兴行业的读者，尤其是江浙沪和珠三角的朋友们，我仿佛已经看见了你们对着上面的文字微笑点头的样子。当然我说这些绝不是地域歧视，我在南方和北方都有特别要好的朋友，只是因为长期的文化传承，每个时期每个地域会有不同的找人方式。

来讲一个真实的故事。

我的老板唐总在京生活了半辈子，是著名基金的创始合伙人。某次他指名要我约见腾讯系的知名创业 CEO，苏州人老庞。老庞久闻唐总大名，十分高兴，从深圳飞到上海；唐总也欣然离京赶到沪上，宴请老庞。二人约会吃饭畅谈 3 小时……然后不欢而散。我很不解，问老庞原因。老庞坦率地说："唐总人很和蔼，像教授一样儒雅博学，但他只跟我闲聊，从天玄地黄扯到婚姻家庭。袁庚讲时间就是金钱，效率就是生命，咱们能谈投资就谈投资，投资时机不成熟就谈谈合作框架。好不容易跑那么远来见个面，人生哪有那么多时间来浪费？"而我老板自有他的无奈，解释说："我只是想认识他啊，跟他才第一次见面啊，建立熟悉信任需要时间啊，慢慢成为朋友，关系逐渐加深，以后才能互相帮忙嘛。现在怎么好谈生意呢？"他俩说得都好有道理，我竟无言以对……脑海中顿时闪出电视剧中刘备望向北固山壮阔风光的由衷感言：所谓南人驾船，北人乘马，此言果真不虚。

找人逻辑之南辕北辙。这并不是一起孤立事件。外出商务接洽前，年长的北方籍上司常建议先谈感情再谈正事，第一次即便不谈正事也不要紧，经常把我们南方小孩搞得一头雾水。感情？陌生人之间何来感情？时间久了，大概明白了北方逻辑是先交朋友后办事，或者即便手头无事，也该先交朋友，等以后出了事，再办。但南方人却信奉找人就是为了眼下办事，事情办完关系自然也就存在了，交换了价值双方自然互为人脉了。

站在中立角度来看，北方人更看重人情，南方人更看重效率。可以理解，出于近千年来的政治传统，北方人的交流习惯博弈和铺垫；而南方商业传统浓厚，追求效率和结果：找人就要聊事，聊事就要有结果，没结果就浪费了时间。曾经在朋友圈里看见一位朋友说："我喜欢在江浙开拓市场。在这里，第一次见面就可以谈成生意。这地方的人生意头脑转得飞快。今天你能让他赚钱，他马上就跟你合作……这样的纯市场思维让经济发展飞快。苏州一个县的 GDP 可以顶某些地区半个省。"而另一个朋友也提到他"越来越喜欢上海人的方式：能做什么，就说什么。做不到，就不承诺。想做什么，不想做什么，直接说。话说得不必周到漂亮，但一定很清楚。"——尽管我们对人脉的运用不全是出于做生意的目的，但道理却是相通的：人脉的基础是价值交换，不应是谈天说地和混个脸熟。

因此，以发展的眼光来看，我觉得今后还是南方的找人方式会逐渐多起来。在生活节奏逐渐加速的大背景下，我们的生命越发显得有限；同样，别人的时间也就越发应该得到尊重。人际协作的效率会越来越重要。再者，拉关系混脸熟刷存在感并不能把眼前人发展成你的人脉，因为没有价值交换。我听说曾有年轻人在聚会上和大咖聊上并加了微信，后来她想加深关系获得提携，便经常给大咖问好点赞。然而，最后当她觉得铺垫已够，从而向大咖发起具体请求之时，大咖的反应却是："对不起，请问你是哪位？"同样的道理，请客吃饭也不能获取人脉，即便请他十次大餐——毕竟，在这个丰裕的年代，能被大餐感动的人多半也没有什么能力和价值。

说了那么多，总结起来，就是要确定自己找人的目的是什么。

所以还请老派的朋友尽量放弃没事先找人，没事先去"认识"别人，把人脉先"码"好再考虑以后的思路和实践吧。当然，我还见过不少学员，觉得自己当然有事，但说出来却不是什么正经的、有实质意义的事。譬如，想找幼儿园同学的纯粹是想给对方一个惊讶，想追星的是想近距离看看明星的颜值，想见大咖的是要问大咖对行业的看法，还有人竟然点名要找某国家元首，只是想"和他亲切地聊聊天"，姑且认为他是自我感觉太好，想要满足一下虚荣心吧。见过这些只为自己考虑的人，还是要再次提醒大家意识到：我们每个人的生命都很有限，每一分钟都很宝贵；越是资深、越是身居高位的人越是如此。你是小朋友你余生还长，尽可以做一些无聊的事；但是你想消耗别人的时间精力，就请一定准备好补偿人家。

（三）短、平、快地找到，巧、准、简地聊上

获取人脉的第一步是把人找到，第二步是初步的结识。结识成功，才谈得上价值交换的可能；交换发生后，人脉就被获取到了。那么，把人找到的标准是什么？怎样才算结识了对方？更进一步，如何快速、高效地找到和结识他？

提起找到对方，正常人的第一反应多半是直接冲到对方跟前去；即便不用如此，还是得拿到人家的手机号或微信号，才有“找到”的“感觉”。但我觉得不必如此。因为我们找人是为了办事和解决问题，那么只要找到一条能将诉求有效触达到他的信息渠道也就相当于找到他了。而做到结识他也不需要你们成为至交好友，故而没必要拉着人袖子不放让你的面孔被记住，而是在让对方知悉你那诉求的同时，设法唤起他的初步认可，让他给你积极反馈的概率达到最大。

“找到”的关键是信息渠道得有效。我的朋友小温绕过冷漠的HR，直接把自荐信发到了某著名风险投资基金合伙人赵炜的电子邮箱，而这个邮箱是她根据一定的方法正确推理出来的。原本HR三天没有回音，而合伙人当天就回信邀请她去面试。在这个案例中，通过有效的信息渠道，小温成功地“找到”了招聘决策人。

而我的另一个朋友裴姐则把她的剧本邮寄给了上海的一家电影制作有限公司。这个剧本在网上的阅读人气爆棚，应该说是非常优秀了，但是这家公司一直没有回音。后来裴姐电话询问，对方却矢口否认收到了剧本。这事最后就成了扯不清楚的“罗生门”。类似的，如果一个公司规模超百人，而你通过前台电话或官网上公布的服务邮箱去找他们老大，最后多半都是石沉大海。简言之，用常识想想：有无把握通过这条渠道送达你的诉求，让那位具体的目标人知道。如果你自己都感觉心里没底，那么渠道肯定无效。

当然，由于“六度空间”的客观存在，人总是能找到的，无非是时间和代价的问题。我们当然希望一旦有需要，就能短、平、快地找到他，不用经历旷日持久、曲折坎坷的过程。生活中这样的现象并不少见：明明直接勾搭没问题，却要曲里拐弯地通过中介去引荐；明明十分钟内就能说上话，却非得让目标人十天后才知道你找他。显然，方法渠道不同，效率就有天壤之别。采用了不必要的策略，找人过程就会纠结而烦躁。因此，能让我们高效找到目标人的策略，理应优先被采用。

找人时我主张根据具体情况，奔着尽快把人找到的目标，在上中下三种策略中选优。

上策是：从互联网上的草蛇灰线、蛛丝马迹中直接找到目标本人。

说起来这有点像 O2O：线上下单，线下消费。很多朋友不太理解我的做法，在他们看来目标人生活在线下，而线下世界和线上空间裂痕深深。但对于我这种线下寡言慎行、线上自由翻飞的互联网老手，这道所谓的裂痕根本就不存在。而且，网络追踪不仅容易带给我成就感，甚至还能带来乐趣。

上策要是报废，才应启用中策，也就是出自多数人本能的常规做法：问朋友，设法找个中间人。但成熟的人都清楚：人情经不起用，不仅不能频繁地用，也不能无休止地用，欠情没能及时偿还，人情也就枯竭掉了。能否找到对的中间人也是现实的问题，一则有时中间人是谁本身就难以确定，二则有时找到中间人更难或者难度相仿，三则中间人就一定是活雷锋吗：在我们看来，即便对他而言只是打个招呼，举手之劳，往往中间人还是懒得动一动。对此，如果我们既不解又愤怒，那是因为没有站在中间人的立场上。

其一，很多时候我们自己不把需求说明白，常连找人的目的这样的基本信息都缺失，只说要找某某某，谁认不认识他。这时中间人是茫然的，获取不到任何信息，也产生不了跳出来举手的动机。

其二，多数情况下，递话牵线只有风险没有收益，像我一样受过夹板气就知道牵线不是递个话就完那么简单。因为即便双方都是靠谱的高素质人员，也有很大概率因为性格差异、沟通误会或一些小小的意外而合作不成，搞得不愉快，此时中间人就得里外为难。

我曾撮合过加拿大北方电讯的高管和我的全栈工程师合作

项目，前者是我在清华的师姐而后者是我好哥们；又曾介绍小米产品经理为某副市长做技术咨询，前者是我朋友而后者是我老弟：两组人士都是 decent people，最后却都因为他们自己的原因弄得关系破裂。师姐我不好意思指责，但副市长老弟气得我把他痛骂一番。

我的友人、外事工作者小凌也有类似的教训。她曾热心为某著名基金会的领导物色同声传译，甚至特意找来一位西语国家驻华使馆的参赞。结果领导演讲时激情澎湃，直接脱稿，场面当时就黄了，弄得她这个中间人尴尬无比。小凌告诉我，如果没把握让双方真正达成合作，就不要率性去当中间人，看似撮合完了就不用管还能卖个好，其实客观上已经押上了自己的人品，一不小心就会失去朋友。

除非上策中策都挂掉，而这人非找不可找不到就要死，我们才用下策“上门去堵”。

但是请注意：这太考验执行力，同时代价非常高！大家都很惊奇我竟能拦截到花旗集团前主席、美国前财政部长 Robert Edward Rubin（罗伯特·鲁宾），但这个传奇的后面，是折合人民币 9000 元的交通成本、2000 元的课程损失，以及差点出车祸和差点被击毙。

而且不经预约，强行出现在目标人面前是相当不受欢迎的，非常地唐突、不礼貌。听朋友说，会议结束后，她见有人冲上前去和投资巨头阎总合影，只听阎先生直率地说：你这已经是第四次找我合影了，下次还是别再来了；无论你来堵我多少次，我也不会投你的项目。显然，同样的诉求触达对方，他不会因你远程喊话或是当面对话而改变决定。所以，何必非要见面呢？

北方朋友总喜欢把人约出来喝个茶，聊个天，好像这样更能把事办了；但我的南方朋友却说，当初在广州工作，成天足不出户，敲定一桩生意就靠几通电话，来到北京后被迫满城跑，单日成交量不升反降，真的很不习惯！

谈到“结识”，与投资人强行合影的那位创业者应该算“结识未遂”。同样的，“虹桥一姐”固守机场，得到了很多她与明星艺人的合影，显然也和“结识”无关。虽说阎总记得这位创业小哥，但并不愿意考虑给他积极的反馈。艺人们满足了一姐的合影愿望，但未见得从心里认可她的行为。因此，我所定义的“结识”，必须是获得双方达成良性互动的开端。

一天，朋友请她的企业界前辈柳先生吃饭，邀我作陪。我刚到达，朋友就离席去了洗手间。目测这位柳先生相貌威武，应属德高望重之人，但是除了姓柳我对他一无所知，又不是很方便打探人家的行业领域，怕他怪我朋友未曾给我做点初步的介绍。这下可尴尬了，空气似乎冷却下来了。不过突然之间我仿佛灵光乍现，便以仰慕的语气问道：“您这个柳姓是不是著名的河东柳氏？”前辈闻言，立马卸下了严肃的盔甲，开始将河东柳氏的源流、世系、迁徙、文化等知识和柳宗元、柳公权、柳溥庆、柳传志等家族名人的故事娓娓道来。而我则时而好奇提问，偶尔还能有所补充。朋友重新入席之后，竟也听得入神。吃完饭告别时，须发灰白的前辈不忘再次问清我的名字和职业，激赏之意在他眼中闪现。这时我知道，我已结识他了；今后如果有事求教，他大概不会吝于指点。

“快速地找到并结识”——大家清楚它们的标准了吗？如果你找人能够达到这些标准，你的生活和事业，你几乎每天都要进行的人际协作，就会减轻很多阻力，极大地提高效率。

（四）囤、知、侦、研、聊，人脉休想逃

1. 地基：人脉的积累

读到这里，你在脑海中已能形象地描摹出人际网络的样子：你好像站在一个蜘蛛网的中心，其他所有人站在经线和纬线交叉而成的节点上，距离你或远或近，但一般不超过 6 个中间人。当然，这个蜘蛛网的几何结构是不完美的：某些节点之间还有七歪八倒的杂线，而某些经线或纬线又是断的……但无论如何，其他人总能通过某些丝线，最终和网心的你连在一起，只是你一时不太看得清楚具体路径或最短路线罢了。

既然身处同一张网中，人，总是找得到的；但能多快、多轻松地找到，这是一个问题。

在我看来，这个问题的答案取决于三层因素。如果把“人脉

获取”的体系比作一栋楼房，那么地基是你的积累，楼体是你的方法，房顶是你的敏感程度和意志渴望。

对于你找人的速度而言，你的人脉积累显然是基础。

这里的积累一是自然积累，主要是你所上大学、所服务公司的层次和规模。层次高、规模大，自然积累优良。拿我自己来举例：就读过的两所国内大学和一所国外大学都是校友众多，而且遍布国内外的信息、金融、制造和经济管理等主流行业，要找人肯定比大多数十八线城市的职高生来得容易。服务过的公司有腾讯，而腾讯 18 年来进进出出的员工何止 30 万，又都散布在了中国互联网产业的每个角落；凭借老企鹅的身份和情义，我要找到这个产业的任何人也都近似于举手之劳。

拿到美国商学院录取书时，我曾在密歇根大学和达特茅斯学院之间徘徊良久，老板见状，建议我选择前者，因为它的规模比后者大很多。更重要的是，华人校友人数更是比后者多很多。听从了他的劝告，我没有选择常青藤的达特茅斯学院，当毕业后我发现自己拥有了一个相当庞大的密歇根校友团，在各行各业都不乏精英人物，不由得从心底感激老板的远见良言。

在社会洪流中努力奋斗，力争上游，是让你自然积累起大量人脉的主要因素，而且是更多元化也更有价值的人脉；即便他们中的大多数你都不一定正儿八经打过交道，甚至都没有意识到他们的价值或未来价值。比方说，拥有一定地位和成就的人就会拥有影响力，从而获得大量粉丝拥趸，那么他没和每个人聊过并不要紧，这种关系暂时是单向关系也不要紧，因为其知名度覆盖之处，自然会有人带着合作机会来找他。比起亲朋好友同学同事，这样的关系相对来说是弱的，在社会学里被称为“弱关系”。

社会学实验证明：与常识相反，人一生中大多数利益攸关的机会并非来自亲朋好友同事同学之类的“强关系”，而是来自那些一面之缘、线上同好、萍水相逢、偶然提及之类的“弱关系”。反过来，弱关系的多少也跟该人的“社会地位”高低或“成功程度”大小呈正相关。换句话来说，越是居于社会金字塔塔尖的人，也就是所谓质量越高的人，其所连接的人脉一定是越多的。反过来，屈居塔底的人，其所连接的人脉一定非常少。

让我们想一想：在许多凋敝的乡村，甚至是大城市中的贫民社会，民众们的生活状态远不及高质量人群繁忙，却往往只拥有亲属和邻居这样寥寥无几的社会关系，而且只有强关系：什么事都跟这几个人打交道。那么，如果说现代社会的机遇都是新鲜信息带来的，而你的强关系人脉和你生存的信息环境基本相同，它们又怎么可能给你带来多少外部机遇呢？所以我们经常说：圈子可以混，但小圈子思想不可取；你的圈子越多且越不同质，才会越有价值。

如果只依靠自然积累，那么由于马太效应，先天不足的人难于奋起直追；而好学校大公司的人也可能坐吃山空。因此，在自然积累之外，人人都应该自觉地主动积累。这种积累，我们叫“囤”，“囤积”的“囤”。前面说过人脉不需要“设计”，因为没有必要而且很累；但日常囤积人脉只是利用某些互联网工具，尤其是优质的职场社交网络平台，轻松获得触达海量人脉的信息渠道，却并不打扰他们，更不会侵犯他们的隐私，甚至无需让他知道你已有了可以向他喊话的信息渠道。同样，没正事的时候别去找人，但这个前提并不妨碍我们没事囤人，未雨绸缪。“囤积”比“设计”省力太多，因为百分之九十九的工作都是工具后台的算法在帮你做，然后，你的人脉就可能发生裂变。我们会在后面的课程里介绍如何用工具囤积海量的人脉。

除了使用互联网工具，主动囤积也可以在线下进行，譬如参加各种会议或加入某些团体，以及在普通的交友活动中稍加留意。留意什么呢？——一种被称为“人脉王”的奇妙生物，他们是人脉网中的大节点或通讯枢纽，比其他节点联系着多得多的节点；形象地去描述，那就是从这些大节点发射出的丝线要比其他节点多得多，如果每一个普通的节点仅仅连接着大约150个节点或者更少，那么大节点可能连接着1500、15 000、15 0000个节点甚至更多。

中国传统社会的人际网络大致是由宗族、乡亲、师生、主仆、君臣等关系构成，发展到个人人格独立、不从属于他人的现代社会，硬性的人际网络便多由更加扁平化的同乡、同学（校友）、同事（前同事以及同行）来标识，而软性的人际网络还有因各种利益、兴趣、话题与活动形成的小圈子。无论是哪一种人际网络，无论它所在的领域是冷僻艰深还是热门广阔，它们都是围绕大节点构成的。这些大节点所代表的人，有的是领域内专家，有的是领域间桥梁。前者固然地位显赫、学识渊博，但后者却可能是一些喜爱跨界的普通人，譬如同乡、同学、同事中热心又爱组织的带头大哥，譬如圈子里精力过人的意见领袖；又或者其职业属性要求他们成为人脉线索的汇聚，譬如以记者为主的媒体人以及我们又爱又烦的猎头，这两类人可以说是能够亮瞎你眼睛的人脉明星。

所以说，囤积人脉时，注意抱“大腿”，多交几个记者朋友肯定没错，往往一个普通记者掌握的人脉就不乏各界名流！试举三个小例：

记者甲把我拉进他采访过，然后“圈养”起来的企业家微信群：里面惊现复星的梁信军、途牛的于敦德、爱康国宾的张黎刚等上市企业老总，腾讯微众银行的董事长和监事长，以及 200 多位蜚声业内、身价上亿的青年创业企业家，他们来自房多多、面包旅行、格灵深瞳、掌趣、微盟、好贷网、宝库在线、大众点评、新氧医美、趣分期、e 袋洗、大姨妈、滴滴出行等等等等，星光熠熠。

记者乙和我聊完天很愉快，顺手送我一份百人通讯录资源，打开一看全是厅长、院士、教授、著名企业家甚至包括已去世的王先生和仍健在的董小姐。而这只是一位毕业不到 3 年的地方台记者。我问他哪里来的，他说是记者之间分享的。事后我才意识到记者的人脉要比正常人多出 N 个数量级，尤其是主编们会定期获取下级记者的联系人通讯表，掌握着既庞大又上流的人脉数据库。

记者丙更有意思，谦称自己性格内向不能胜任，已经辞职去创业；分手时突然送给我一朵百度云，说内有全球各国所有华人领袖的联系方式，“有了这个国内国外你就齐了，在国外万一有什么不方便可以马上找到组织”。我打开一看，PDF 整整四百页！

相比在我心中排名第一的人脉王——记者，猎头这个工种则是紧随其后的人脉明星。猎头，天生就以“贩卖人口”吃饭，他们手中的人脉规模或许比记者的还要大。但为什么是老二？因为他们可能不如记者表面上更中立和非功利。多数人面对记者的诉求，下意识会觉得你能帮我扩大影响力，为我带来价值；而多数人一看到“猎头”这个头衔，则本能地感觉是来利用我给你自己赚钱的，如果不是适逢其时我就想要回避、谢绝、落荒而逃。同时，猎头的分享精神也不如记者。因为优秀的候选人给了同行，对猎头的业绩肯定有直接威胁；而热门的采访对象给到同行了，却好像无甚大碍还卖了个人情。所以说从道理上，猎头的人脉一般会比记者所掌握的，平均低那么一点层次，少那么一点意思。

除了职业属性，同样的行业，事业和生活上更成功的人，可以肯定其人脉质量一定是更高的。有句老话说得好："物以类聚，人以群分"。牛人的人脉，很少会是熊孩子。吴晓波能够和罗振宇为友，沈南鹏会与徐新英雄相惜，马斯克多半留心扎克伯格，乔布斯肯定关注比尔·盖茨，不会去关注路人甲比如我。所以说，牛人的人脉多半是牛人 BCD，BCD 又关联着牛人脉 EFGHIJK，这条关注链无限拉长，就仿佛牛子牛孙无穷匮也。运用一些工具性的技巧，你也可以以观察明处的牛人为出发点，分析他们的信息交流内容，顺藤摸瓜地挖出蹲在暗处的一大群牛人。

以我为例，资深互联网评论人 keso 是我的人脉，而以 BAT 创始人为首的全国互联网风云人物几乎都跟他是老相识，那么我心里有数：如果我对马云有所诉求，信息是能及时传达到马云眼前的。唯一的问题是诉求的分量，但这是另一个话题，而并不关乎我是否已经"找到"了马云先生。

综上所述，在囤积人脉时，要记得一句话叫作"节点优先，以一当千”：获得一位人脉王的友谊，就相当于间接获得了他的一千个人脉，这可能相当于你费百倍的精力去获得一百个普通人的交情。囤积人脉时，无论是从量还是从质的层面去考量，人脉节点和人脉散点的性价比都不能同等视之。

总结起来，囤积人脉不仅要重视弱关系以扩量，还要重视成功者以提质，更应该重视人脉王以求量与质的兼顾。

2. 楼体：工具和方法

积累有了一定的基础，我们就带着事情去找人。找人找得快，方法要对路。一“知”二“侦”三“研”四“聊”是我的大逻辑。

知是“知道”的“知”，就是你必须明确需求，不仅知道你找的是谁，还要知道找来做什么——这就排除了“没事找人”的情况。有时候要知道目标是谁，你得事先梳理业态，做足行业研究。有时候要知道目标出没的大致范围，你得对他有所了解。自问自答，比如：我有哪几个亟待解决的问题？能解决的人掌握什么资源、具备哪些能力？这样的人供职于怎样的机构，有着怎样的职权？这样的机构组织有哪些，线下地点位于何处？

线上浏览官网、官微的步骤不可省。说到底，确定需求要求一个人具备进行桌面研究的基本能力和习惯。需求越明确，后面的步骤你就越省力。

侦是“侦察”的“侦”，其实并没有字面上看去那么需要专业能力，但确实需要借助互联网工具，有时还需辅以较强的逻辑推理能力。不错的人脉积累能让你侦查起来更为得心应手，因为就像是在翻检自己的口袋。当然，并没有哪一种工具单独使用就能让全体地球人都“尽入我彀中”。对信息线索的感知和操作，也得比较敏感、机动、灵活。我的外婆（95 岁高龄）关心国计民生、国际风云，我的母亲酷爱阅读医学、科幻和侦探小说，都是心细如发、敏锐如雷达，并能从信息获取中得到极大快乐之人。因此有时我怀疑这是几条祖传的染色体在显灵，所以很不幸我没法送给你。

研是“研究”的“研”，和“知”有所不同。这里指找到目标人之后，要通过任何能获得的渠道，对他的性格禀赋、兴趣爱好、过往得失等个人层面的特征，尽量进行全面的了解，不用理性剖析出 12345，但是心里得对人物画像有所“感觉”，即便是一千度近视雾里看花的效果，也可以有效避免在聊的阶段栽进阴沟。举例而言，是上海人，你别扑上去叫哥们；是东北人，言谈举止注意给面子。若他事业成功，就别表现得过分崇敬拘谨；若他半生坎坷，就要设法唤起他的共情，自黑一把好过流露怜悯。具体怎么了解一个人，无非是更多一点的桌面研究、朋友打探再加一些基于常理的洞察。网络时代，绝大部分人逃不过有心者的审视。

聊是“聊天”的“聊”，不过理解为“撩汉”的“撩”似乎更形象？聊不是一件随意的小事：沟通时必须兼顾内容和形式两方面的针对性；如果无的放矢，对方很可能把你透明化，因为感受不到尊重和诚意。模板化的邀请函一看就是群发，为什么群发，还不是由于发函方想要利用别人完成自己的 KPI ？更有甚者，一些人幻想批量谈成合作，批量招到牛人，批量说服某个群体，这简直就像指望着老天批量掉馅饼一样虚妄。我相信，做人本身的生意不能妄想沿用大机器时代的成批处理法，虽说满足最底层的需求或许可以除外。

3. 房顶：找到的意志

奠定了基础，掌握了方法，你对找到此人究竟有多渴望，仍会在很大程度上影响你找到他的难易。

我们肯定听说过著名的“皮格马利翁效应”，它源于古希腊神话，讲的是塞浦路斯国王皮格马利翁爱用象牙精心雕琢美丽的少女，他对雕塑的深爱感动了爱神，于是爱神赋予了雕塑以生命。简言之，皮格马利翁效应就是“心想事成”。我们往往把它看成是廉价的祝愿，西方社会学家却鼓励你把它当真，因为足够数量的社会学、心理学实验和教育学、管理学案例已经证明：你期望什么，就会得到什么。充满自信的期待，事情就一定会顺利进行；而唯恐事情受阻，阻力就会真的产生。

皮格马利翁效应的提出人是哈佛大学的罗森塔尔，他随机挑选了 18 名普通学生，郑重地告诉校方这都是天才。半年后当他回访之时，发现这 18 人确实有了超人的进步。如此神奇的发现被公布于世之后，杰克·韦尔奇、松下幸之助、安德鲁·卡内基、洛克菲勒都在企业管理方面成功地实践了皮格马利翁效应。

皮格马利翁效应的原理是否跟量子论中的“观测使量子态塌缩”原理有关，目前尚无定论。而我想补充的是，前人很少提到，皮格马利翁效应在找人这个领域也是大放异彩。

每逢我觉得我一定能找到谁，或者我拼了老命要找到谁，那么找人的过程就会势如破竹，线索就会到处都是。几年前我去拦截美国前财长、花旗集团前主席罗伯特·鲁宾，按常理退休政要很不好找，但信念引导我很快就获得了他的行踪，而且他的出现可以说是“无巧不成书”。在互联网尚未诞生的时代，为了验证“六度空间”的存在，研究者随机指定了目标人，并请受试者们通过彼此相识的人际链传递文件给他们。实验中出现了很多好玩的结果。譬如，目标人是大学教授的话，就几乎都能收到文件；但如果是其他一般职业的人，传递成功率就断崖式下跌。实验分析的解释是：受试者们普遍认为教授的公众曝光率高，出没范围比较稳定，“很好找到”，于是他们就会为此努力尝试；而面对其他普通目标人，却茫然不知从何下手，于是过早地放弃了执行。这可能算是皮格马利翁效应出现在找人领域中最早的文字记录了吧。

在找人的事宜上，皮格马利翁效应在20年前就已经使我受益了。

相信不少人都看过武装反盗猎题材电影《可可西里》，一帮自己“钱也不够”“人也不够”“枪也不够”的藏汉青年为了保护藏羚羊，跑到高寒荒漠的无人区里舍生忘死。对于生长在 21 世纪大都市的人来说，这样的传奇遥远得就像发生在另一个星球。

电影是 2004 年上映的，但我在 1998 年就和这支巡山队，也就是可可西里武装反盗猎西部野牦牛队的成员们交上了朋友，直到现在还在一个微信群里，没事的时候发发老照片老队歌，回忆一下峥嵘的往昔。

1998 年当时互联网还没兴起，我是从成都的报纸上读到他们的事迹，瞬间热血沸腾，感到如果错过英雄今生将不再有，完全是小郭襄夜宿风陵渡闻听神雕大侠的心情。还没等我恢复平静，报纸上又传来队长扎巴多杰的死讯，记得那一通宵我都在哭。哭过之后更加自不量力想要联系到这支已经断粮的队伍。当时最先想到的人是特派记者苗曦，但除了名字没有任何信息；报社虽有总机，但并不帮我联系私人。弄得我白天黑夜都处于想要尽快联系上野牦牛队的强烈念想中，食不甘味寝不安席。

就这样在焦灼中度过了几天。一天看报时，突然一则报社活动通告跃入眼帘，于是毫不犹豫地按指定的时间地点赶到。在现场我向见到的第一个工作人员询问是否认识苗曦，不料她随手一指说就在那边，于是我非常顺利地找到了苗曦。问明来意后，他立即介绍了在队长遇难现场的所见所闻，又爽快地将继任者的电话和巡山队驻地地址全给了我。再后来，我便联系上了新任队长，得以为他们做了很多募捐和宣传方面的事。

直到现在，我和野牦牛队健在的每一位成员仍然是很好的朋友。大家从电影《可可西里》中能够看到以他们为原型的艺术形象。本片是如此悲壮，首映时观众们的眼泪几乎淹没了北大百年纪念堂，但他们在感动之余，无不觉得故事离我们的生活相当遥远。事实上确是如此：我从小生活在一个自称是国际化的大都市里，而可可西里荒原则号称“在这里你所踩下的每一个脚印，都有可能是人类留下的第一个脚印”。当年还没有互联网，更没有移动互联网，我只是一个稀里糊涂的中学生。但我仍然能很快联系到世界屋脊上的藏族勇士，在很大程度上，是因为我对找到我的英雄有着极度强烈的渴望，这时我就是皮格马利翁。

我的朋友、阿芙精油高管陈女士也曾喜获皮格马利翁相助，找到美国某知名品牌的 CEO。为达目标她削尖脑袋马不停蹄趟了三条路。第一条是通过领英找到中国区总经理，但没有拿到手机号，于是放弃；第二条是通过猎头找到他的前员工，还拿到了手机号，但觉得前员工的介绍分量不够，再次放弃；最后不知怎么着就突然读到一条新闻，报道说该品牌将和另一品牌联合做活动，而后者的总经理恰好就是自己的朋友。迅速找到目标人后，陈女士感慨道："确实如此！找人能找到，信念最重要。请相信：非要找到谁不可，那么线索就会处处冒头。"

第2章 被FBI称赞的快速找人法

——获取人脉的各种案例、工具和方法

Chapter 2

无论是怎样简单的公开广场，我们的大逻辑是始终不变的：拥有人脉的第一步，是找到当下或未来你所需要的人，“找到”人的标准是找到把你的诉求随时传达到他的信息渠道。

（一）举重若轻，公开场合找人超简单

在过去做咨询的时候，一些人问我说：得到他人的联系方式有什么用啊，怎样才能把他“搞定”呢？就好像他们想联系谁都可以唾手可得似的。但其实，绝大部分人都做不到想联系谁，就联系到谁；人家都不知道你找他，都没听到你的诉求，这个时候想搞定他，就是跳过了最基本的前提，就是想太多了。当然，也不排除极少数人找起人来十分得心应手，只是发愁“搞不定”；但这样的人，也就不会对我的话题感兴趣，而是直接去关注谈判课程甚至心理学课程了。此外，就连自身素质极高、交换价值很大，比普通人更有把握“搞得定”别人的人，也不见得可以随心所欲地找到目标对象。这样的话，明明搞得定人，却因为不能及时联系到对方而白白失去了搞定的机会。

我的主业其实是风险投资，就是前几年非常火爆的 VC：Venture Capital。我的合伙人刘女士高考时是河南省理科第二名，

本科毕业于北大光华管理学院，博士肄业于耶鲁大学金融专业，回国后出任央视《赢在中国》的主策划；妥妥的现实版安迪[①]，怕是只可能比安迪更牛。跟她相比我秒变学渣。然后她最近迷上了区块链，要我帮她联系几个创业先驱。其中一家创业公司叫“心源观止”，是一家区块链“艺术品存证确权平台”——不要问我这是什么意思，因为她解释了半天我也没懂。总之超高端的人总是相互吸引，她很急切地想要联系其创始人就是了。

接到任务后，我百度了下该公司的一般新闻，了解到创始人名叫孙斌；然后又去公司官网看了“联系我们”页面，上面除了对公邮箱和公司地址，还很突兀地留着个没名字的手机号码。作为一个电话厌恶者，我就用微信“添加好友”查了下这个号码，发现对应的微信 ID 就叫“孙斌”。这时我就告诉安迪·刘：“12511562824 是你要的心源观止创始人孙斌的手机号，他微信也是这个。”安迪姐好奇地问：“咦！这个怎么找到的？”我直接把手机号页面的截图发给她，说“灯下黑啊姐”，她回给我一个“擦汗”的表情。

① 电视剧《欢乐颂》里的海归精英。

事后，安迪姐告诉我说：早知道像你这么找人，之前我就不会丢失那么多好项目了。以前都是托朋友递个话，一拖十天两个月的，黄花菜都被竞争对手抢走了。

所以说，完成某些找人任务，其实是非常简单的：不需要暗黑技术，也无需脑洞大开，跟你是精英还是凡人毫无关系。他们就在公开的广场上，等着你去找，盼着你去找；因为大多数人都需要社会协作的机会，多多益善；哪怕他是化石级匠人、90 多岁高龄的小野二郎，我们以为他除了专注捏寿司啥都不关心，可他近年来声名远播，成功地把只有十个座位的小生意推向了国外，没有他本人甚至动员全家积极配合外来者的营销推广是不可能做到的。

在公开的广场上找人，我们一定要首先树立这样的观念：有很多你要找的人他就在公开的广场上；如果你是带着价值、带着机会去找他，正常人又有什么理由拒绝你呢？

我最成功的投资案例也是从公开广场上获取的。那就是互联网家居装修领域国内排名第一的“独角兽”：深圳创业公司土巴兔。2010 年，在经纬创投工作期间我把它挖掘出来并投第一轮，后来又被红杉和58同城投了B、C两轮，现在估值20多亿美元，还请了汪涵做代言人。如今，土巴兔已经是只亿万业主家喻户晓的巨型兔子了，但是7年前当它还是个兔宝宝的时候，找到它的创始人王国彬还是需要点洞察力的。

首先是接到任务：寻找互联网家居装修领域的投资标的。然后就是桌面研究：具体过程就不介绍了，大致是根据流量排名观察分析了一千多家网站，归纳出三种类型，而后综合多重因素筛选出土巴兔，从一般采访报道里了解到CEO名叫王国彬。鉴于联系前台或客服在我这儿优先级不高，便直接百度了“土巴兔 融资需求”这样的关键词组合，很快在一个地方融资论坛上看到土巴兔期望融资1000万元人民币的帖子和发帖人的QQ号。使用QQ号二次百度，又在另一个装修论坛上看见该人自称王国春。于是我便很有把握地去加他的QQ，在申请信息中我明知故问：“您是土巴兔CEO的兄弟吧？我来自经纬创投。”王国春看到这条信息，光速通过了申请，第一句话就忍不住惊喜地问我：“的确我是王国彬的弟弟。您怎么知道？”沟通了五分钟不到，就热情地把我介绍给了他哥哥。

在第一个案例中，目标公司的官网是公开的广场；而第二个案例中，两个现在已经想不起名字的论坛是公开的广场。两次都用到的百度，更是公开的广场。所谓公开的广场，是这样一种网络空间：我能在这里找到的人和你能在这里找到的人，都是同一拨；并且找到之后，我联系到他和你联系到他的便捷程度是完全一样的，换句话来说，就是我们到他的“距离”都是一样的。在公开的广场上找人，往往一步、最多两步就找到了。这也是最基础最简单的找人技术。

公开的广场在形态上也最传统、最常见。在我的工具体系中，它包括百度、搜狗以及它们国外的对标谷歌，包括新浪微博和国外的对标推特，包括公司、协会或会议官网，包括各种开放式的 BBS 和地方黄页，还包括各种在线文档分享平台。——全都是一个普通人能够轻松运用的。然而优秀如安迪姐竟然长期以来意识不到使用它们，还因此造成了商业上的损失，以至于让我感觉到要把相关案例及其过程一一拆解详细道来的必要。

无论是怎样简单的公开广场，我们的大逻辑是始终不变的：拥有人脉的第一步，是找到当下或未来你所需要的人，“找到”人的标准是找到把你的诉求随时传达给他的信息渠道。在上一课我们讲过，想快速找到这条渠道，首先你需要“知”：知道自己要找谁，知道这人的基本信息，最好也知道大概他会在何处“冒泡”。

1. 新浪微博等内容型大众社交媒体

我见过的相当一部分人脉需求都在泛文化产业领域，包括科技、媒体、电信，俗称 TMT；当然还有金融、法律、国政、体育之类，甚至网红、宠物、美食、各种细分领域的意见领袖。这其中不少人是大 V 中咖，无论本人性格如何，都具有一定的公众性，即便只是他自己和一小撮拥护者所认为的公众性；因此他们都有 PR 自己的客观需求。

既是公众人物，第一反应自然就该到公开广场上去找。中国体量最大、活跃度最高的公开广场应该是新浪微博。根据微博 2017 年第三季度财报数据，它的月活用户已达 3.76 亿，早就超过了同类国际巨头推特；而且其中接近一半人在天天登录。按照 2017 年 9 月的数据，全国 1/5 的网民每天都活跃在微博上，每月刷微博的人数也有全国 1/2 网民那么多。

不要告诉我新浪微博屡遭重创，越来越没人用了。其实它从

2014 年上市以来，活跃用户规模已经连续 11 个季度呈现 30% 以上的同比增长，市值两次赶超特朗普挚爱的推特；而且，在微博的整体用户中，拥有大学及以上学历的用户占比居然高达 77.8%，是全国平均值的 10 倍还多。这么惊人的数据，你敢说在它上面找不到相当部分你需要的人，尤其是那些比较有分量的人？

我发挥快速找人的天赋可能始于上面提到的经纬工作时期，但意识到自己这项能力、继而在各大平台开课，却是从找到果壳网 CEO、著名创业家姬十三先生开始的；当时所用的不过是一封微博私信，而我等待他反馈的时间只有不到 30 分钟。之后因工作所需，找过的其他创业者也差不多，如交易额两年超百亿的铜板街 CEO 何俊，如百度凤巢原首席架构师、机器学习的领军人物张栋，又如国内最大视频网站爱奇艺的创始人、华人经济领袖龚宇等等，大部分还都约出来交朋友。

不仅是这些创业界翘楚，类似的包括不少文化界精英、金融界前辈、影视界明星，我都通过新浪微博私信简单找来，一找一个准，鲜少有人让我吃个闭门羹。即便是在以相对封闭、不轻易信任外人而闻名的娱乐圈，我找著名演员唐先生、刘女士、朱先生、罗先生等等，同样也是一两封私信。当然，必须再次强调：我是真的有正事跟他们讲，而不是去说“我好爱你，你好帅！”所谓有事说事。人生太短，经不起浪费。请一定珍惜你们偶像的时间。

尽管连新加坡总理李显龙都会经常出没社交平台，亲自和粉丝互动；连美国总统特朗普都片刻不离推特，导致其团队不得不强行限制他那无厘头、爱惹祸的发言，但我的学员们总是“默认”我们的微博大V自己不会看私信，即使瞟一眼也还是懒得理，或者运营者根本不是他本人，而是那“没有水平”的助理。我很惊讶他们为何普遍这样想，就像老百姓最爱咬定史书写明的帝王陵、名人墓都是衣冠冢一样，莫名乱猜又无凭无据。人与人之间基本的信任都到哪去了？难道大人物就得是鼻孔朝天、活在真空中的特殊物种吗？事实绝非如此：再大的V也是和我们一样的普通人，过着普通的生活，有着普通的言行，我们切不要先于他人无端地产生了分别心。

相信我，在公开的广场上，绝大多数情况下你碰到的大V他不是假的，也没有被他助理隔离。新浪微博后台管理者向我证实过，1000万人以下粉丝的大V，日常收到的私信只有几十封，并非我们想象的成千上万；正因为我们都认为是成千上万，所以他们只能收到悲催的一点点。所以不妨尽管写。只要他没超过一个月不发帖，那就一定能及时听到你的心声。甚至几个月不发帖的你也可以优先选择微博私信探探路，反正也不损失什么。譬如国宝级艺术家唐先生平均半年发一个帖，但我给他的私信第二天他就说看过了。爱奇艺 CEO 龚宇先生已经 4 个多月没吱声了，但短短二十分钟就简明回复了我朋友寻求合作的私信。

还有路子野的人通过新浪微博“捕获了”王思聪。方法特别无聊：他竟然注册了 50 个微博小号，将同样的邀约内容发给王思聪，五分钟 1 次，一个小时 12 次，特别能坚持能死磕。一两天后，聪明的王思聪似乎被“炸晕”了，疑惑账户是不是中毒，遂勉强回复了其中的一个。双方就此搭上话，一来二去的这个需求方还说服了他出席活动。当然，这种方法要慎用。像我这样乖巧懂礼的人，肯定不会给姬十三或别的谁半个小时发 6 条。所以还请爱护你尊敬的男神或女神，不要用轰炸的办法强迫或者诱骗人家。王思聪大约有着少见的豁达心胸，但多数牛人都会被信息炸弹轰出牛脾气，然后对你方的印象一落千丈。

另有某些数百万到千万以上级别粉丝的巨 V，更会简单地把工作邮箱、经纪人电话等联系方式放在自己头像下的“主页”资料中，绝对欢迎你找他，譬如叶檀、李开复、薛蛮子、罗昌平、吴晓波、六神磊磊，又譬如刘涛、袁弘、靳东、王凯、吴亦凡、六小龄童。我的一些学员无视大V的明确指示，非要找其本人而无视经纪人电话，原因是“觉得经纪人水平低”。在这里他们需要了解：其实经纪人是大V的老板而非佣人。其实就算我本人，也是近年来才意识到这个认知误区。

曾经还有创业者非要找到马云或王兴本人，并且得和人家“坐下来谈”，声称自己的项目是划时代的，阿里或美团的投资部人员水平低，肯定看不懂；而马云或王兴本人看了一定就能砸钱。先别提就我所知他所认为的低水平人员其实是哈佛商学院毕业的，和上面案例中我的补充观点一样，我想表达的其实是：找人无论容易还是艰难，都请务必尊重那人的意愿。因为是你在找人，不是人在找你；还因为很多事项真不是老大应该躬亲执行的，他指定你该找谁，那是帮你提高效率、节约时间。譬如唱吧CEO陈华，就曾在自己腾讯微博里公布过某项业务具体负责人的姓名、手机、邮箱和QQ。

讲到这里有人会问：大V收到的私信怎么可能少？尤其是

那些聚光灯下的明星、网红，海量的粉丝都能保持克制那还能叫粉丝吗？我想道理是这样：如果粉丝要表达爱和支持，肯定倾向于评论、转发和 @，乐于曝光自己的情感给同好者看见，因为幸福被 N 个人分享，就变成了 N 倍的幸福。而如果职场中人有正事要说，比如求剪彩求代言求合作，才会写私信。毕竟，没人指望一个写在评论中的合作提议会被名人回应；同样，粉丝使用私信这种冷清的渠道来追星也是很难想象的。

综上所述，新浪微博不仅是最简单最基础的找人工具，同时也是你在寻找泛文化产业领域公众人物时应该最先想到的地方：只要你有与之双赢的正事，就大胆告诉他们，无需有所顾虑，尽管看上去他们有点远远的。

当然我承认，在很多情形下，仅靠新浪微博联系不到那人。譬如，有的账号像刘慈欣的一个帖子都没发过还有 8 万粉丝，有的账号像沈南鹏三年前已经停更，还有些博主把 ID 改掉了让你点进去只能看到“用户不存在”。但即便如此，微博仍然是有用的，它所贡献的些许线索也能成为追踪的起点、破壁的裂缝，以及在其他渠道坐实目标人身份的铁证，相关案例我们稍后会说。

补充一点，拥有7000万用户的知乎可以被看作精英版微博，只要你要的人在上面，直接私信就可以了。但我很赞同著名科幻作家刘慈欣的一次表态，大意是说：我所有的思想已经全部体现在作品中了，你们又何必非要和我交谈，期待我说出作品中没有的观点呢？引用刘慈欣的话我还是在强调：没事真就别找人了，无论你有多喜欢他。

2. 百度等搜索引擎和它们旗下的产品

公开广场的第二大类别要数主流的搜索引擎及其附属产品。

由于百度或谷歌的爬虫理论上可以去到任何一个现存的开放式网页，那么，作为开放式网页的公司协会或会议官网、各种BBS和地方黄页，以及在线文档分享平台也就可以全部囊括进入搜索引擎的体系。

首先是搜索引擎的主体功能：网页和资讯搜索。你可以简单粗暴地搜索“目标人名 手机号”“目标人名 微信”“目标人名 联系方式”“目标人名 邮箱”“目标人名 微博”“目标人名 tel”“目标人名 mail”等等。我曾这样搜到了空空狐CEO余小丹的微博，虽然其 ID 既不叫余小丹也不带公司名，然后顺着微博便摸到了微信；我还间接找到过俄罗斯神秘投资大亨尤里·米尔纳的工作邮箱，同时也是全网范围内能够找到的他唯一的联系渠道。我的学员这样搜出了世界五百强公司来宝集团创始人理查德·埃尔曼的个人邮箱，尽管公司官网上根本没有；还曾有人搜到过姚晨、王思聪、周鸿祎、戚薇等数十位知名人士的直接联系方式，但由于账号公布后骚扰者太多，逼迫他们都已换号回避了。

即便是摸索出花旗集团前主席、克林顿内阁前财长罗伯特·鲁宾的行踪，从而得以两天后直接杀到他跟前去的那一次，我也是几乎完全仰仗谷歌搜索，只不过把关键词换成了“鲁宾事件”“鲁宾演讲”“鲁宾会议”这样的组合。负责现场怼我的 FBI 探员鼓励我说，其实他们调查我的方法，也都差不多。

其次是搜索引擎的图片搜索功能。如果现在用它来查找雷军、李彦宏或张朝阳等名人的名片，你仍然可以得到部分有效信息，因为我确信名片上至少邮箱还有效。百度识图也是找人利器，它能帮你找出某些图像的原始出处，尤其是它识图溯源到新浪微博或某些论坛的时候，你就可以直接私信照片原创者，咨询画面中某位目标人的情况。

尔后是搜索引擎爬虫能够爬到的各种官网、BBS 和地方黄页。前两者的案例我们在本章开头已经讲过了。而在看上去既土又过时的地方黄页上，其实可以找到不少商界的成功人士，当然我说的是那种一般意义上的成功人士，不是马云王健林许家印。

道理很简单：除了极少数含着金汤勺出生的二代，大多数今天的成功人士都是由四五年前，八九年前的小人物奋斗拼搏上来的。作为老板和创始人，他们是自己公司的第一个员工，甚至第一名销售。那时，他们把自己的手机、邮箱等联系方法都登记在了地方黄页上，期待曝光度的增加和商机的降临。若干年过去了，他们可能早就忘了此事，但联系方式却没有变过——如果没到炙手可热常被骚扰的地步或者公司地址跨省迁移，为什么要换号呢？甚至黄页网站已经老旧到停止运营以至于页面本身都不存在了，这些信息却还安安稳稳躺在百度快照中。所谓百度快照，就是对于每个曾经收录的网页，百度都在服务器上保存了一个纯文本的备份。

在朋友的央求下，我在地方黄页里找到了著名财经评论家谭晔博士的手机号码。第一步是百度带她本名的工作室，查到她的机构名称，这条结果点开后就是一个地方黄页，里面有其联系人、法人谭军和他的手机号。第二步我把谭晔和这个手机号组合起来百度一次，就发现手机号其实属于谭晔，这说明谭军和谭晔大概率是同一个人。你看，懂得用不同的词汇组合在一起，多次百度搜索是很重要的。后面还会有更多更曲折的例子。

最后是百度文档、豆丁网、道客巴巴、新浪爱问、“文档投稿赚钱网”等，它们被统称为在线文档分享平台。在这里你可以找到两种人：其一是大公司流出的通讯录名单，尤其是国企和大民企管理者；我就曾帮券商找到过国家电网的最高层和京东的高管。其二是那些游走于学界和商界的知识分子。譬如，一位学员托我找经济管理学家郭教授，很快我就在某个文档分享平台找到了若干他的讲座课件，课件的开头或结尾都有他主动留下的邮箱，甚至 QQ。又譬如，另一位学员要找《智能社会》一书的作者高金波。首先我在高金波遗弃多时的新浪微博上确定了他供职的公司，再将公司名和他的人名组合起来百度；百度的结果之一把我带到某文档分享平台，看到了高金波的行业分析论文，论文结尾处，他公布了自己的座机、手机、传真、地址和邮箱。

以上算是微博、百度两大公开广场联动找人成功的案例。这让我想起我在用谷歌找到神秘投资大亨、DST 创始人尤里·米尔纳后，唯恐这头俄罗斯北极熊过于高冷不屑回应，就又从新浪微博上找到了他的唯一华裔合伙人、现小米集团 CFO 周受资。而周先生热情开朗，打起交道来就容易得多了。这个案例的其他细节，我们还会在后面的章节进一步剖析。

补充一点，百度百科或者互动百科也是你找人时不可忽视的掘金之地，虽然我自己曾经也是“万万想不到”的。最典型的案例是去找著名天使投资人、个人站长教父和全球最大图片优化应用公司之一的董事长，为了避免打扰到他，真名我就不说了，因为他真是一位家喻户晓的商业巨人。在他的百科里我们可以看到他的英文名，这时只需用微信“添加朋友”一搜这个英文名，就能找到他的个人微信了。这时我们只差一步，就能和这位身家 105 亿的大佬做朋友。怎样的绝妙好辞才能让他通过我们的申请呢？这个问题在后面的章节也会加以讨论。

同样，有百度的专家要联系某智能交通巨头的总裁，却竟然忘记了百度自己的产品。这家公司业已估值 500 亿美元，总裁本人的家族背景如雷贯耳，之前还担任过世界最大投行的高管，是精英中的精英。按说这种分量的企业家绝不轻易被外界找到，搜索、微博、各种社交网络都不像是正确的方向。但其实你只要在百度百科里找到其英文名，再把英文名和其中文名排列组合一下，用微信“添加朋友”逐个去试，不用多久就能找到其微信号。

3. 搜狗、公众号与知乎：腾讯麾下潜力股

有搜索习惯的朋友知道国内互联网并不是百度爬虫垄断的世界：商品的信息，阿里并不欢迎百度前来分羹，为此淘宝专门禁止了百度抓取自己的页面；而人的信息，譬如身份、关系、互动等则大部分掌握在腾讯手里。不久前，腾讯持股高达 45% 的搜狗已经赴美上市。在我看来，相较百度，搜狗最大的优势在于微信公众号和知乎社区内容的全面搜索。

我的一位朋友曾经急找刚成立三天的乐视钓鱼频道负责人。

作为与足球篮球网球相比较的边缘化的项目，乐视体育都还没顾得上在官网上给它分配页面；甚至由于重要性和职位级别太低，这位负责人姓甚名谁，连乐视内部人员竟都一无所知。这时百度完全帮不上忙，反倒是用搜狗的微信搜索，瞬间就找到了这人的联系方式，因为他在别人的公众号页面里发布了一则钓鱼征稿启事。

（二）裂变膨胀，囤积人脉库随取随用

在上一节内容中我们提到过，你人脉积累的多寡，在很大程度上决定了你找人的快慢和难易。对于绝大多数普通人而言，虽说人脉不需要刻意地去设计和钻营，但留心积累却不容忽视。没有积累，必须找人时就是真正的临时抱佛脚，劳心劳力的程度会远远超过有所积累，从而有所准备的人。我常跟我的学员说：想要具备指哪打哪，指谁找谁的本事，尽管几条祖传基因我是没法送给你，但如果你养成了平时利用高杠杆社交网络工具囤积人脉的好习惯，它的杠杆、它的算法，可以帮你节省出99%找人的精力和时间。

想象这样一个场景：我俩是一个公司的同事，本是同时入职公司。工作五年后，我囤积了本行业上百万从业者的联系方式；而他没有囤的意识，工作中碰到的联系方式，也基本上都扔掉了。这时老板分配给我们一批工作所需的找人任务。我在我囤

积的联系方式当中简单一搜，几分钟就把人都找了出来，把工作完成得八九不离十。而他呢，由于没有囤积，找每一个人都得通过个性化的途径。比如，找张三得来问我有没有他的电话；找李四，又得问其他同事有没有他的邮箱；找王五，还得先查他的公司和我们什么时候有过合作……如此大费周章，但半天都联系不上一个。

所以说，没事儿的时候，虽然不要去打扰别人，即便是打着认识、学习的旗号，也不要去找人，但是你设法做一些工作，把能够保证与他们沟通信息的渠道给囤积起来，却是非常有必要的。简单而言就是：没事儿的时候我不找你；需要找你的时候，我能马上找到你。这样就不会误事儿了。

囤积人脉还有另外一个巨大的好处，就是可以轻易突破大脑给我们设定的一个人天然能够拥有的人脉规模局限。——可能很多人都听说过著名的“150 定律”，它是由英国牛津大学人类学家罗宾·邓巴在 20 世纪 90 年代发现的。该定律说：由于人类大脑皮层“内存”太小，所以每个人最多只能拥有 150 名朋友，而且此处“朋友”的定义仅仅是：一年联系至少一次。更悲催的是，一个人一辈子的好友，会迅速缩小到平均 20 人左右。

“150 定律”还体现在其他方面。诸如原始村落平均不超过 150 人，人再多就会迁出一部分建立新村庄；又比如我每天不吃不睡不干活，跟每个人瞎聊 10 分钟，24 小时可聊的人数大致也是 150。但是，千万不要认为是人都能拥有 150 名朋友，这是社交达人才能搞定的极限。一生的朋友不会超过 150，这不是因为个人懒惰，而是数学和生物学规律共同决定，所有人都没法例外。

所以说，如果我想拥有的，是至少以“万”为数量级的人脉，甚至数量级上不封顶的人脉，我要是通过互动沟通，也就是嘘寒问暖瞎聊天去维护他们，只会累到筋疲力尽。更何况，我是一个相当内向的人。

拥有上万，数十万，数百万，甚至数量级上不封顶的人脉规模，这可能吗？我觉得，按我们前面讲到过的六度人脉原理，再加上弱关系其实比强关系更重要、更有用这个前提，这是完全可以做到的。来算一笔账。假设往小了算，普通人平均每人 100 个朋友，那朋友的朋友就可以达到 100 的二次方也就是 10 000 个，而朋友的朋友的朋友更是可达 100 万个。囤积百万条人脉不仅听上去比 150 美妙得多，而且对于绝大多数普通人，也差不多足够吃喝拉撒住用行了。何况你结识到的人脉王，人家还远远不止一百个朋友呢。

当然，并不是主张大家通过六度人脉囤积到地球上所有人。回到前面介绍过的六度人脉理论，我们已经确信，通过 6 个两两相熟的中间人，你完全可以找到任何一位地球人，只要不是太过特殊的人，比如隔壁国家宇宙无敌大元帅之类。但在实操中这没什么意义。想想：你曾有通过朋友的朋友的朋友的朋友的朋友的朋友，在有效的时限之内找到过目标人，解决了你的问题么？这就相当于历史学家发现了几十亿地球人共有一位生物学祖母。那么四海之内皆兄弟也，对于我们快速的找人和结交却并没什么用，就连世界大战也照打不误。

所以说，社会科学家揭示出六度人脉的存在，除了可以反映地球村社会的真实紧密度，并不是教我们跳过五六个还不知道是谁的中间人头顶，去抵达目标。如此之长的传递链，任何环节出点问题就会让它断掉，比如哪个人或哪几个人不愿意递话，忘记了递话，延迟了递话，递错了话，等等。就算 6 个环节都是热心人，信息的传递也很难保证不会扭曲失真。在我们生活中，往往一个中间人就能制造“罗生门”，你说的，和他传的，看似差不多，其实完全不一样；1 个都够呛，更别说 6 个了。所以我们根本不能从任务之初，就琢磨着通过哪 6 人去抵达目标。

就生活常识和经验而言，人脉缩短到二度，最多三度，才具备实用级的可控性，只要再延长一度就非常容易嘎嘣：断了。通过朋友的朋友找到目标，是工作和生活中的常态，也好想象；通过朋友的朋友的朋友，难免就有点勉强，想想都心累；而只是通过朋友就可以找到目标人的情况当然也有，但仅限于运气很好、“碰巧”的情况。这就是一般的社交网络仅仅能帮你扩展三度人脉而不是全部六度人脉的原因，一方面三度以内是普通人可以操作的，而六度谁也招架不住；三度可以用来解决大多数需求，而六度就没什么实际意义了。

以上，就是我推荐大家使用基于三度、而非六度人脉的职场社交平台海量囤积人脉的原因。利用这样的平台获取国内人脉首推脉脉，而获取海外人脉则首推领英。用此二者来囤积人脉，可以让你的人脉裂变式增长：一变二，二变四，四变八……犹如核爆炸时的链式反应。

1. 本土王者：脉脉

在本土职场社交平台中，我把“脉脉”称为囤积人脉的大杀器。十年来，尝试体验过不下数十个本土职场社交应用，唯有脉脉把握住了高质量人脉快速囤积之道的精髓，运营功底也很扎实且颇见成效。瞄准相同的领域，当年不乏某际、某座、某士、某街，当代也有某兔、某邻、某探、某遇，甚至新浪微博也开发过昙花一现的类似功能，全都志在成为中国职场社交网络平台的王者；但如今要么已经凋零，要么成为鸡肋。

在此不去探讨脉脉复杂的后台算法，它的基本工作原理就是简单但高效的三度人脉。具体而言，就是在你允许的前提下，它先读取你的手机通讯录，将里面的人设为你在脉脉上的一度人脉，又将这一度人脉的部分一度人脉，设为你的二度人脉；再将这二度人脉的部分一度人脉，设为你的三度人脉。过去到三度为止，符合我说的可控标准，现在推出的增值服务还可以帮你解锁三度，联系到三度之外的人。

看上去，虽然六度人脉的一半不足为奇，但俗话说复利创造奇迹。以我为例：一度人脉才 4420（当然他们并不都是我的手机联系人），二度人脉已接近 28 万，一二三度人脉数量之和估计能到一百万。他们都是我能够直接联系或者通过确定的朋友间接联系到的人——脉脉有一个巨大的优点，就是在它上面一目了然：我们和目标人之间共同的朋友都有谁。

2017 年 6 月脉脉的注册用户是 3000 万人，月活跃用户是 1000 万人，职业社交关系共有 400 亿对。相比腾讯旗下的 QQ、微信，甚至陌陌这样的陌生人社交平台，它的用户规模算不上特别惊人，但它的典型用户却是独树一帜，令人眼前一亮的高质量：几乎把新经济领域各行各业的中流砥柱一网打尽！

让我们来看看各大榜单排名前列的知名人物。

IT 互联网高管榜依次有：刘东华、王小川、张一鸣、林凡、王利芬、陶闯、于扬、徐易容、姬十三、南立新、庄辰超、冯军……以下省略 500 万人。

文化传媒高管榜依次有：江南春、胡彦斌、蔡艺侬、吴选作、王珂、申音、魏鑫、马佳佳、王毅、胡世辉、焦云飞、舒义、梁晓宇……以下省略 500 万人。

金融风投投行榜依次有：徐小平、薛蛮子、倪正东、方爱之、张颖、张斐、羊东、牛奎光、刘芹、符绩勋、左凌烨、石建明、纪纲、童士豪、过以宏……以下省略100万人。

榜单的行业门类自然远不止如上三者。我只是举我熟悉的例子，意在说明，这些人物的地位和分量，行业内的您自然会感到如雷贯耳。在安装脉脉之初，我也是万万没想到：除了总体质量高得让人心生欢喜的各种合伙人、总监、CEO、副总裁……自己和很多似乎只在媒体上出没的业界大神居然共享着若干朋友。简言之，大神们是我朋友的朋友，或者朋友的朋友的朋友。我固然无法将他们具体都是谁列举穷尽，然而一旦有事需要，只用那么简单一搜就能让我想要的他立即现身。

为何十年以降，上面提到那么多竞品不能兼顾用户的质与量呢，因为这确实不是什么运营运营就能水到渠成的事。它们有的受制于大厂，起步太晚，虽然用户画像相当体面，但是数量十分有限；而更多的则像喧闹嘈杂的火车站广场，放眼望去都是皮包公司和不可描述之人。作为互联网行业老司机的我，看到脉脉在质量兼顾方面做得如此出色，不禁想起了腾讯原同事老袁的精辟剖析：社交网络平台的运营有其铁的潜规则，那便是早期用户一定要坚持高标准。

以 Facebook 为例，开始只向哈佛大学开放，然后才向其他大学敞开；用户基础层层夯实，最后面向全社会。如果一开始就门户大开，什么人都进来，鱼龙混杂泥沙俱下，墙外的精英们肯定望而却步，墙内的高人也会很快变成僵尸。

脉脉的前运营总监何建晔先生说得精彩：社交网络平台内，其各种产品功能不可以打破真实社会的层级。以常理论，人人都想联系更上层的人，却都不想被更下层的人联系；一旦抽离层级分隔，让下面的人随意骚扰上面，后者索性就只好撤离。跑得最快的，一定是最高的，然后从高到低层层消失。最后只剩数量庞大而相互厌弃的底层人群。

社交领域深谙此逻辑的创业者着实不多，但明显看得出脉脉的团队早就掌握了坚持核心、逐层开放的运营秘籍，否则活不到今天。

既然脉脉平台上的职场人资源如此量大而质优，而且履历完整、评价丰富、关系清楚，就让我们利用它复杂烧脑但有迹可循的巧妙算法，撸起袖子，来一场痛快淋漓的裂变式人脉增长。这个动作就像我们在编织一张蜘蛛网，没事的时候只需要把丝网越织越大，让它的边际向外无限延展，于是大虫小虫不管三七二十一地纷纷落网。未来我们需要找到某只虫，自然就有沟通渠道丝丝缕缕紧紧连接着我和它。但如果你不织这张网，你就得像跳蛛那样辛苦地追着猎物到处跑；又或者，你的目标们就如一颗颗星球孤零零漂浮在太空中，你要抵达任何一颗，都得临时画地图、造飞船、做导航，边际成本高得不是一般的多！

具体怎么着手呢？首先当然你得下载、注册、登录，并建立你自己的页面。向所有的求职简历那样，你的页面上有姓名、头像、头衔和联系方式等基本信息。然后便是页面的主体：你的工作经历和教育经历。显然，你的页面内容越精彩并且可信，愿意成为你人脉网中一员的人就会越多。换言之，系统把你的页面推荐给他人时，他人更愿意申请加你为好友。当你自己去申请好友时，别人也更容易通过你。为了让自己看上去更职业，我们应该提交名片，从而成为加 V 的认证用户。为了拥有更多的权益，我们也可以酌情购买会员身份。

以上，有了构建人脉网络的基础，我们便可以开始扩充、裂变我们的人脉。首先，我们应当允许脉脉读取手机通讯录中的号码，这些被读取的联系人便成了我们在脉脉平台上的一度人脉；这些一度人脉之中，或多或少有一些已经早于我们成为脉脉的用户；于是根据一些复杂的规则，后台算法就会把他们的一度人脉设置为我们的二度人脉，再把这些二度人脉的一度人脉，设置为我们的三度人脉。这样，基于我们一二三度人脉的小小人脉圈国土，就简单建立起来了。

为了进一步增加一度人脉，我们还可以做如下几件事。首先，你可以从“前台”加人，也就是在你的二度人脉列表中，一键“+好友”申请和某位二度人脉拉近关系，转变成一度人脉。这样的申请名额，VIP 用户每天十个，普通用户每天五个，当然不一定全部能通过。其次，一度人脉分为 LV1、LV2、LV3 一共三级，它们分别代表着初识、熟识和老相识。如果你申请和某位初识的一度人脉交换手机号码，得到他的允许从而升级为熟识关系，那么将会有更多他的一度人脉变成你的二度人脉。第三，你可以完善你的页面并经常发表文章，或与他人互动，那么你在脉脉平台的影响力分值将会提高，系统也会将你推荐给更多职场中人。最后，你可以购买不同级别的会员资格，这样，你所获得的权益能够从你加别人和别人加你两个方向扩大你的人脉网。

从上述方法，我们可以看到：许多人成为我们的二度或三度人脉时，他们本人并不知道，也就是说没有受到打扰。而二三度人脉，才是我们人脉网络中的大部分个体。这就大体上达到了，我们在没正事儿的时候，只囤人，不找人、不打扰他人的标准。同时，通过一度人脉被囤起来的二三度人脉，我们可以经由如下三条途径和他们迅速连接起来：第一，平台内搜索；第二，找到后通过站内信“极速联系”；第三，如果不好意思直接联系，也可以查看我和他之间共同的朋友有哪些，请朋友帮忙牵线。这样，我们通过100个一度人脉裂变出来的10 000个二度人脉和100万个三度人脉就成了我们随时可以找到、需要联系就能呼叫的真正人脉关系。

当然，从以上平静的介绍中你们多半还不能体会到脉脉作为人脉囤积“大杀器”的“杀气”。许多朋友，包括当初的我自己，刚刚入驻脉脉时，看到一度人脉是在龟速增加，今天100明天105，实在太不爽了。很多人，包括当初的我，因此就觉得脉脉没有什么用，就把它给卸载掉了。说实话，这也情有可原。因为上述常规做法确实不能帮助新用户爆炸式地扩大人脉规模，因为他们的人脉“基数”相对小。

那要怎样才能迅速扩大基数呢？所谓基数，指的就是一度人脉。为什么在脉脉上扩充人脉时，一度人脉比二度、三度人脉重要得多呢？同样假设平均每人有 100 个一度人脉，那么一个一度人脉可以给你带来 100 个二度人脉，10 000 个三度人脉，统共 10 101 个人脉；但是一个二度人脉只能给你带来 100 个三度人脉，也即统共 101 个人脉。如此看来，一键申请将二度人脉进阶为一度人脉的动作，潜在回报可谓相当丰厚。再者，一度人脉之间可用站内信随便交流，二度和三度之间的免费交流机会就有限额了。

用脉脉同步手机通信录中的号码仍然是批量扩增一度人脉，也就是人脉基数的最佳办法；其效率何止四种常规方法的千百倍，因为它没有数量限制。举个例子，五年来朋友、客户、合作方的名片累计了 2000 张，我就用名片全能王把它们批量扫进手机通讯录，然后用脉脉和通讯录同步。只五秒钟，就增加了比方说一度人脉 1000 个，这意味着乘以 N 的二度人脉，以及乘以 M 的三度人脉同时被你所拥有。这个 N 和 M，最少也是 10 倍数，就算达到一万倍也毫不奇怪。——在此我们可以看到一度人脉作为人脉基数的重大意义：它的线性增长可以带来二、三度人脉的指数级暴增！当你的人脉网络如此裂变铺开之后，找到目标的概率就在不断变大。而且，别人常规找人可能得花个好几天，你却用几十秒就解决了。

注意一点技巧，脉脉的杠杆率甚至可以更高。按脉脉官方公布的数据，1 个一度人脉平均可以带来 102 个二度人脉，但我确实见过上万倍杠杆率的实例，也就是说，一个一度人脉给我带来一万多个二度人脉。

这位一度人脉是第一代互联网从业者，胡舒立“财经网”前 COO、前搜狐名人博客的主要负责人。我因一度人脉只多了他一人，就让二度人脉暴增了一万多。这便是说他一个人就给我带来了一万多个额外人脉。这位先生早年辗转于许多传说中的古老媒体，是不折不扣的人脉王。在脉脉上，他自己的一度人脉有 9 万，二度超过 30 万；据说脉脉改版之前，这个数字是 200 多万。

我也曾请小时工把我鼎晖工作时积累的 400 多张老名片全都扫进通讯录，然后用脉脉与之同步；尽管阿姨操作不当，以至于一度只增加了 86，二度还是膨胀了接近 2 万。究其原因，是这些名片的主人社会层次较高。按《超级人脉》一书中的说法，社会层次越高的人越可能是大的人脉节点。按我自己的经验，如果该用户经历的公司带有强烈的文化传媒属性，或其职能是销售、对外运营、市场营销，这样的人也很可能是人脉大节点。此外，相比普通学校如西华大学毕业者，名校如西安交大的校友更可能是大节点；相较精品名校如达特茅斯学院毕业者，巨型名校如哈佛大学的校友更可能是大节点。还有一次，我偶然得到了清华 EMBA 大约 40 位学员的通讯录，上传至脉脉后发现绝大多数人早已是脉脉用户了，他们也为我瞬间带来了将近一万个高素质人脉。

这些亲身经历的惊喜让我不禁想起诺贝尔文学奖得主威廉·戈尔丁曾经赞美女人的话，他写道：对于女人，“无论你给她什么，她都会令其大大增加。给一些精子，还你一个孩子；给一栋房子，还你一个家；给一堆食材，还你一顿美餐；给一个微笑，还你整颗心”。若论投资回报率，比较起来，有时脉脉比女人还要厉害。当然，你大可不必担心脉脉泄露你上传的手机号码，因为除了你、机主本人，以及机主的 LV2 级一度人脉——那意味着他自己同意和对方交换手机号码；其他脉脉用户和脉脉外面的围观群众都是看不到的。

2. 国际宗师：领英

解决了囤积本土人脉的主流需求，精英们当然还需要全球囤积人脉。西方社交网络“三驾马车”之一的 Linkedin，国内起名叫领英，自然就是脉脉的完美对标。以六度人脉的前三度来连接人，它是世界级鼻祖、脉脉的老前辈，甚至于早在 2003 年，就花 70 万美元买断了六度人脉的专利。领英和脉脉的关键不同点在于手机号码并非其运行的基础，而只不过是锦上添花。记忆里，Linkedin 最初是与 Gmail 合作获取第一批职场用户的。目前，领英拥有全球范围将近五亿名职场用户，其网络已经拓展到二百多个国家。如果你要找的是三类涉外人员：外企员工、海外学子或海归学人，以及正常国家正常机构的正常老外，领英无疑是最佳选择，是第一时间应该想到的。无论是囤人还是找人，其操作方法和脉脉非常类似，具体的就不赘述。

去年，一位交银国际的学长托我寻找来宝集团的董事长。来宝集团是世界五百强，总部位于香港，在新加坡上市，所在行业非常传统，跟我的专业领域丝毫不相关。董事长本人没有名校背景，是早年从日本白手起家的英国老爷爷，已经 78 岁高龄。从他的年龄和地位来看，他本人上领英的可能性不高。但作为世界五百强外企，来宝的员工应该算是领英用户的旗舰种，说不定有几个是我朋友的朋友的朋友，好歹我在领英也算积累了几千名好友。

和脉脉一样，领英可以方便地搜索个人、职位、公司和学校。于是我去搜索来宝集团的英文名称 the Noble Group，得到了 48 个供职于这家公司的二、三度人脉。按职位高低浏览其履历页，我企图找到几个校友，很快就发现中国大陆区的总经理，虽非我的校友，但却公布了他的私人邮箱。这样，作为免费用户的我尽管不能私信那些二、三度人脉，也可以通过这位总经理联系上董事长。

此外，领英的很多用户曝光意识很强，为了让更多人联系他，他会将自己的邮箱、推特、博客或其他社交网络地址公布在领英履历页上。领英进入中国之后还和微信达成了正式的战略合作，于是很多领英用户尤其是腾讯微信事业群的员工，都在领英账户下面放置了自己的微信二维码。当我需要联系人工智能新星商汤科技公司的法人和美国智能驾驶创业新秀 OTTO 的创始人时，都是从领英上轻松得到了他们的微信码。

找老外，领英不仅是囤人和找人的最好平台，同时也是优秀的验证平台。以前我们提到过寻找俄罗斯投资大亨尤里·米尔纳的例子。广为人知的是：通过其创办的投资公司DST，他手握腾讯、阿里、Facebook、京东、Twitter、小米、滴滴、Airbnb和Snapchat等千百亿级美元市值公司的股份。领英上他的账户头像缺失，只关注了四个同事；推特上也没有头像，曾经的发言也全被删空。几经周折，我从Rocketrearch上挖出他在全网上唯一出现的工作邮箱，但邮箱后缀并非“理所当然的”dst而是DST Advisor，这让我感到怀疑。这时我重回领英，很快找出他和他的几位同事都隶属于“DST Advisor”公司，这就证明那个邮箱确实是他的。

3. 二者的差异

介绍了脉脉和领英根本上的相同点，我们要在细节方面比对一下二者的差异。在本土化、接地气方面，脉脉确实秒杀领英，未来制霸中国大有希望。

首先是脉脉的语言环境，毫无疑问全中文，很舒心。而看领英就是两个字：心塞。想来我本人的英语也考过地球前1%，但打开领英还是感觉眼花缭乱，除了购买增值服务的页面，主体部分还是英文。英语不好的朋友那更是寸步难行。有的页面中英夹杂也让用户体验十分受伤。领英入华 3 年多，中国大陆用户已经突破 3200 万，但他们的活跃度我是始终存疑的。我自己是平均一季度打开一次。所以如果你从领英上来联系我，90 天后我才有反应，等死你。

其次是脉脉的界面交互简洁明快，重点突出，跳转流畅，非常好用；经过多次揪心改版，已经越来越接近互联网产品的至高境界：Don’t make me think。小白也不用文字说明，凭本能就可使用。反观领英，不仅界面莫名复杂，光主频道就比脉脉多了一个，而且功能细节很不走心。比如提醒祝贺美国同学入职高盛 5 周年快乐，为我准备的却是两句中文，看来是想让我自己翻译。此外，中国人重视的模块和美国人大不一样，领英却仍然默认美国式排版，这就造成了我想看的半天找不到，不想看的总是回避不开。

第三，脉脉在功能中融入了贴合国民文化的微妙人性。虽说领英和它一样，为你显示你和目标对象的共同朋友；但它并不告诉你这些朋友的亲疏远近。举例而言：在脉脉里，当我发现我和目标人李磊共有多个朋友时，肯定优选与我俩都较为亲近者帮我牵线。如果朋友A和我初识，和他熟识；朋友B和我熟识，和他初识；朋友C和我俩分别熟识，那么选谁介绍我给李磊，也就无需废话。像微信一样，脉脉曾经还能送红包。这也是领英想不到做不到的。套上红包的外壳，区区几元也能体现尊重和诚意。我确曾不止一次见过若干行业前辈会因小小红包而爽快帮助素昧平生的年轻人。他不缺这钱，但却珍视这份尊重和诚意。

第四，脉脉相对便宜。大概在2016年中期，脉脉也被迫启动了无情的收费。这让今天的我经常缅怀之前那些随便加人，免费联系人的幸福日子。不过，针对增值服务用户，脉脉收取的最高月费也远低于领英上类似服务的最低月费。更有趣的是：领英的联系人列表就像美国阿灵顿公墓一样凸显出人人平等；但脉脉就会给认证用户加V，给付费会员授予金红色的王冠，还给企业家用户配上金香槟色模板，让他们获得有身份的荣耀感。想想我们中国人迷恋的网络游戏，谁的做法更受欢迎不言而喻。

通过脉脉，我找到了别处联系不上，也已弃用脉脉的目标人。

师妹要找联基金创始人邱浩，但我看他的履历中止在创新工场时期，判断他不用脉脉多时了；但我和他之间的 66 位共同好友却是一目了然，后来也是其中一位牵的线。没有脉脉，我都不知道我和他还有几十位共同好友。通过脉脉，我这个纯纯的互联网动物还顺利找到过长隆集团，金钥匙组织和老干妈风味食品等传统行业的目标高管。广东野生动物园、巴黎酒店服务商、贵阳香辣豆瓣酱，无论地理位置还是行业属性，他们相对于我，原本都是八竿子打不着的远在天边。

（三）记忆有限，不如借助草蛇灰线

有个成语叫“草蛇灰线，伏脉千里”，意思是说一条蛇从草丛里穿过，不会留下脚印，但蛇有体重，还是会留下一些不明显却仍存在的痕迹；拿一条缝衣服的线，在烧柴后的炉灰里拖一下，由于线特别轻，留下的痕迹也是若有若无、若隐若现。虽然这是文学方面的成语，但我们在获取人脉或求取真相时，若真能做到辨识草蛇灰线，用以辅助我们的追踪，就是已经达到了比较高阶的境界。

那么，人脉在网络上留下的草蛇灰线究竟是指什么呢？他们又有着怎样的特征呢？好，我们就从解答这两个问题开始展开下面的内容。

看过 1994 年央视版三国演义的朋友们，一定都对这样一个情节有着深刻的印象：刘备带着关羽张飞一顾茅庐，柴门吱呀一声打开了。刘备对着门童拱手，自我介绍说："汉左将军宜城亭侯领豫州牧皇叔刘备，前来拜访先生。"这么一长串头衔，要放在今天，就是介于正省级和副国级之间的大官。没想到门童却有些不耐烦地说："啰啰嗦嗦，我记不得这许多名字！"刘备只好更加诚恳地说："你只说刘备前来拜见诸葛先生。"当然，大家都知道后来的事，那天诸葛亮不在。

提到这个小故事，我是想说明什么呢？其实我想说明的是，并非诸葛家的门童性格清高、鄙视权贵，才说自己记不得这许多名字。而是我们人类本来就记不得太多名字。想想你自己用的账户名和密码组合，一共是不是就那么两三套？另外，像刘备的自我介绍一样，你的账户名和密码都有一定的意义，能够帮你方便的记住，并且快速的回忆起来吧；我相信，你不会使用随机字母随机数。在下不才，经常被人夸奖博闻强识、过目不忘，但即便如此，我还经常忘记自己的支付宝账户和密码，要去翻翻小本本。

所以，本节课我们是围绕着两个基本点来展开的。首先，在互联网上，一个人的标识，或者说 ID，以及它的密码，其构成都是有意义的。其次，正常人记不得许多名字，所以他在互联网的不同平台上，所留下的 ID 都非常类似或者完全一致。这些有着文字意义的 ID，就是找到此人的草蛇灰线，即便你不知道是什么意义。循着这种草蛇灰线的线索，我们就可以在别的平台上，找到他更为常用和牢靠的联系方式，从而联系上他。

第一个案例是我自己。当然，诸葛思远是个假名，任何人只要稍微查一下，就知道他是诸葛亮的长子，在蜀汉灭亡前、公元 263 年的冬天，就已经英勇地战死了。但是，自从我在网络上讲课有了一定的名声，就不断有陌生人前来加我的微信。我一看他们的来源，很多都来源于搜我的微信号，或者 QQ 号。我感觉很奇怪，因为我的微信号构成是非常特别的，QQ 号也没有给过陌生人。后来一问才知道，别人听了我的课之后，先去看我的脉脉，我的脉脉号和微信号是同一个，那么，在微信“添加朋友”中，他搜这个脉脉号，就会被微信系统标识为搜我的微信号，于是他就找到我了。另外一些人呢，是到 QQ 的搜索面板上去搜诸葛思远，一般搜索结果也会出来好几个。由于我的 QQ 头像和网课宣传头像用的是同一张照片，所以他很快就能把我筛出来，点进去，看到 QQ 号，再用 QQ 号来搜我的微信。当然，没事加我的人我从来不予通过。

听了这个故事，相信大家对草蛇灰线、推理找人都有了一定的感觉。你的微信号，可以从脉脉得到，可以从 QQ 得到，可以从微博得到，可以从邮箱得到，可以从知乎得到，还可以从“天眼查”得到，甚至我们下面还会讲到，可以通过纯粹推理得到。

从公安系统的朋友那里，我了解到：由于涉密程度不同，获取别人的手机号码有可能涉嫌违法，而获取别人的微信号则不违法。所以，在下面的案例中，我们不以获取他人的手机号码为重点或目标。

1. QQ 体系

让我们先来看看，怎样通过腾讯 QQ 的体系，来找到目标人的微信。毕竟，在微信出现之前，QQ 和与它相关的体系，是中国最庞大、最复杂，也最紧密的社交网络系统。而微信系统的关系链，和 QQ 系统的关系链其实交缠很深，你中有我，我中有你。

今天的第二个和第三个故事，是找市值 80 亿元人民币的某直播平台的 CTO 和 CEO：陈贵灵和冯友帅。前者要容易一些。

第一，我们在百度百科中查到，该平台属于上海美啦富网络科技有限公司。“美啦富”是关键词。

第二，我们去 QQ 的查找面板，在“找群”类目下查询上述关键词“美啦富”，出现了一个结果，就是位于上海市的美啦富技术支持群。

第三，点击群名，可以看到群主和管理员的头像。点开前面几个头像。发现第二个头像的面板中，他的 QQ 空间名叫“fd 苹果灵的空间”，这让我们想起了 CTO 陈贵灵的名字。

第四，我们同时看到他的邮箱是 CGLkoo@gmail.com。前缀的前三个字母可能就是陈贵灵的拼音首字母。这时我们把前缀全部放到百度里面去搜一搜，就会发现这个 ID 正是陈贵灵。

最后，我们把这个确认是陈贵灵的 ID 放到微信“添加朋友”中查询，立刻查到了陈贵灵本人，而且他的签名是这家直播平台广为人知的名字。

找到江湖经验老到的冯友帅要困难一些。

第一，在脉脉上，我们看不到他升级为企业会员之后，面板上的脉脉号。在 QQ 查询面板上，无论我们查询美啦富，还是这个平台的名字，查到的群主和群管都和冯友帅看不出丝毫瓜葛。

第二，美啦富和平台名似乎都是什么英文单词的音译。于是我们可以用百度，查出它们对应的英文单词，前者是 melove，放进 QQ 查询面板如法炮制。在一系列相关的群结果中，同样是位于北京市的 melove 群群主的 QQ 空间叫作 yshf 的空间。yshf，那不就是“友帅冯”吗？而这个群只有两位群管，其中一位就是我们刚才查到的“苹果灵”陈贵灵。

第三，再把他对应的 QQ 号放到微信里查找，很快便显示那就是 CEO：冯友帅本人。

第四个案例非常简单，要找宝龙支付的副总裁孙琳女士。像这样高科技领域的职场人士，我们很快在脉脉上能找到她。但如果你觉得脉脉不够活跃，想要找到她的即时通信工具，也可以用脉脉号“agatha1208”试一下微信或 QQ。

很不幸的是，我们用脉脉号没能查到她的 QQ 或微信。我们可以在 QQ 的查询面板上，查询群“宝龙支付”，查询的地址设为杭州，就可以得到六个相关的群。第一个群的人数最多，但在群介绍的面板里并没有发现和孙总看起来有关系的 QQ 号。—— 这时我们想起，孙总在脉脉填写的履历里，她负责的事务有“产品研发”一项，我们就可以去点击“宝龙支付 - 产品中心” 那个群。果不其然，唯一的群管理员就叫 Agatha。继续点开她的 QQ 空间，拉到最下面，看到她写道“我的名字：新一代，孙琳”。这时，我们就得到了孙琳的 QQ 号。

第五个案例略有不同。我的投资合伙人是金融圈的牛人，她要找区块链创新创业企业 HOMEAC 的创始人。首先她给到我一则原始信息，是知乎专栏上发表于一周前的某篇文章。文章配图表明：HOMEAC 成立于 2015 年，正式名称叫广州飞跃国际科贸发展有限公司，CEO 是崔醒，公司规模是 20 个人。接下来我是这样做的。

首先，我到“天眼查”去查询这个公司。发现其法人是徐陈娜，她是小股东和执行董事。CEO 崔醒则是大股东和监事。除了他们俩，公司没有其他高管和股东。

然后，他们在“天眼查”留下了一个手机号码。我用手机号码查询微信无果，又查 QQ，发现对应着一位女士。

接下来，我在 QQ 查询面板中查找 HOMEACE，找到了成立于2015年的同名机构群。其唯一的群主或群管，就是这位女士。

而后，回到原始材料，结合该公司一共才 20 人的信息。我推断这位群主女士就是法人徐陈娜。

最后，根据网上的一般线索，我发现徐陈娜和崔醒在 2015 年创业之前就有很多交流与配合。所以，我甚至判断二人目前大概率是夫妻关系。

通过腾讯 QQ 的体系，来找目标人的微信。从上述五个案例中，我们可以发现一些共有的规律：

如果你要找的是互联网相关公司的高管，他们一般也是公司 QQ 群的群主或群管，尤其是 CXO 们。如果是新品测试群，那么 CEO、CTO 都会双双坐镇其中。而副总、总监这样的人员，就管理着那些冠以其所负责业务之名的 QQ 群；譬如前面案例中负责产品研发的副总孙琳就是宝龙支付产品中心群的唯一群管。当我们找到了相应的 QQ 群之后，就去点击群主或群管的头像，从而看到他们的 ID、性别、年龄、邮箱、所在地，甚至籍贯和母校，运气好的话还能找到 QQ 空间内的更多线索。用这些线索和其他地方的发现进行交叉验证，进而简单推理，便不难找到目标人的微信。

脱离了腾讯 QQ 这个中国乃至世界上最庞大最严密的社交网络系统，我们再来看看，怎样利用其他平台的草蛇灰线找到目标人的微信账号。

2. 新浪微博

首先仍然是新浪微博。

第一个案例是寻找满满兔的 CEO，著名“90 后”创业企业家夏晓天。因为他和他的投资人，搞出了一个震动创投圈的大新闻，所以很多媒体人都想联系男主角了解是非曲直。

首先，由于对方是一段时期的公众人物且身为 CEO，我就先去微博搜了几个关键词，像“满满兔 CEO”“满满兔 夏晓天”之类，但没有结果。

于是，我又在百度搜索“夏晓天微博”五个字，作为搜索结果的一则新闻内容里就含有“个人微博 @stephen 夏晓天”这个词组。于是，我将“stephen 夏晓天”放到新浪微博中去搜索验证，发现不少人的帖子都 @ 过这个 ID，有的还附上了夏晓天的照片。可是点击此 ID，微博就会给出“用户不存在 20003”的反馈。我猜测多半是风波发生之后他自己改名了。

这时，我就挑选一些语气亲近的帖子，去看下面的评论。很快，就看见一位可疑评论员的 ID 叫作“无忧少年天”；点击该 ID 进入其微博，从内容、签名、照片、发帖时间来看，都非常吻合夏晓天本人的方方面面。最为欲盖弥彰的是，风波发生的那段时间内，他的发帖记录是空白，而此前此后他的发帖都算活跃。删帖的痕迹太过明显，这就绝不是巧合。

最后，将夏晓天的微博在 PC 端打开，看到地址栏中的个性域名是 mestephen，这时我去微信“添加朋友”里搜索 mestephen，很快就搜到了对应的微信号，其头像和夏晓天微博头像完全相同，是一个二次元的小黑兔。这时我们已经找到了夏晓天的微信号。

当然微博能给我们的草蛇灰线绝不仅止于它自己的个性域名。在其“主页－更多基本资料”中，只要我们细心，就能发现更多。

第二个案例是薛蛮子。曾经有创业小伙对我说：“如果你能让薛蛮子投我，我给你 5000 块钱。”我一边嘲笑他不懂 FA 的逻辑和行情，一边直接把薛蛮子的微信号给了他。其实，薛蛮子的微信号就是其 163 邮箱前缀，而这个邮箱地址他就公布在微博的“主页－更多基本资料”中。

第三个案例是世界著名私募机构之一 TPG 里的金领仰慕某维密超模，渴望得到她的微信。我简单看了看这位模特的新浪微博“主页－更多基本资料”，发现除了她指明工作事宜请联系另一个人，还公布了她自己的新浪博客；我把该博客地址的个性域名放进微信查询，瞬间就找到了这位超模本人的微信，不仅姓名、头像是她本人，签名档也是她曾经出版的一本书名。那位金领欣喜若狂，给了我一笔不小的答谢费，让我达到了一分钟 500 元的薪酬标准。

3. “天眼查”

第一个案例非常简单，新秀出版人要找某著名电视人朱北，朱北同时也是知名传媒公司创始人。自主创业的媒体人名下通常拥有好几家公司，尤其是以霍尔果斯开头的影视文化类公司。天眼查显示，像朱北先生就担任了 12 家公司的法人、9 家公司的高管和 6 家公司的股东。只要一家一家看过去，便不难发现他留在某家公司页面上的邮箱地址，邮箱的命名方式同百度可查的其若干员工的邮箱，是完全一致的。

著名的商业背调工具“天眼查”平台上也能发现草蛇灰线。

第二个案例事关讨债，也就复杂多了。——老学员隋先生问我能否查到南宁市住房置换担保有限公司老总孟朝西的电话，因为他集团下面的子公司拖欠隋先生公司工程款达到 3000 万元。

我表示，按照法律规定，对方的手机号即便我有，也不能给他。 但隋先生表示办公室电话也行，只是想问孟总一下。 于是我同意挑战自己，权当检验一下侦查能力是否退化。

行业和人名完全陌生并不能成为障碍，我先去“天眼查”做初步扫描。发现孟总不是该公司一把手，“天眼查”上所留的联系方式也没有多少信息量。

好在从企业关系图谱来看，孟总还担任着其他四家相关企业的高管。在其中一家“北海地产金弘商业投资管理有限公司”，他担任了法人。这家公司在“天眼查”公开的联系方式是一个手机号和一个 QQ 邮箱。手机号不能给到学员，我也没有义务帮他验证机主是谁。

但我能用手机号查找微信，发现没有相应的微信账号；再用邮箱前缀的 QQ 号去查微信，就查到一个叫作“益朋酉”的账号，ID 有些怪异，头像是真人头像被 P 成游戏角色的发型和装扮，还做了磨皮处理，虽显年轻但也看得出来人到中年。

我很好奇“益朋酉”是否就是孟朝西，毕竟二者的字形非常相近。于是用百度图片搜索孟总的相貌，得到了一张他接受电视采访的半侧脸画面。用头像照与之对比，二者的总体脸型、眼镜类型、发际线形状，以及颧骨下的微妙凹陷都是谜之相似，唯一不尽相同的是眉毛和眼睛的距离。但接受电视采访时的孟总正在扬起眉毛做表情，这肯定就是照片上眉眶距更远的缘由。

这时我的结论是：账号属于孟总的可能性高达百分之九十。于是我让隋先生加微信问一下，很快孟总就通过了他，交流之后还给了他手机号——也就是“天眼查”上找到的那一个。这又是一个小小的新发现：“天眼查”上所留联系方式多半属于同一个人。

第三个案例是找“小药童”，也就是雷斯特网络科技公司的 CEO 魏翼飞。稍做研究之后，我们发现他刚刚找回微博账号，那么第一选择是微博私信。以前，我们还能从 QQ 空间—QQ 号—微信号的路线找到他，但现在据说由于骚扰者众多，他自己将这条路线切断了。这时，我们还可以通过他的亲密战友来找到他：从“天眼查”里，我们看到公司法人和执行董事叫常观鸿，联系邮箱前缀为 shangjin，留在这里的手机号码对应着一个微信账号，ID 也是汉字的“尚巾”。这个 ID 乍看起来不免别扭，但只要稍一动脑，就发现“尚巾”上下一拼就是“常”字，那么这个微信账号属于常观鸿就是十拿九稳了。公司高管一共才三人，那么常观鸿和魏翼飞必定是经常在一起的。常观鸿已经找到了，魏翼飞还会远吗？当然，这也得看你的事务和话术能否打动常观鸿递个话了。

4. 知乎

更精彩的是帮朋友找到知名电影导演梅林鹰微信的例子。

首先，他在新浪微博发言活跃，于是我便试了他的微博个性域名 meilinying 拼音，遗憾无果。

然后，我又到“天眼查”和百度等很多地方寻找线索，只是更加遗憾地证实了一点，就是梅林鹰非常重视自己的隐私，从不把私人联系渠道暴露在公开的网页、社交平台甚至工商登记系统内。

无奈之下，我突然想到梅林鹰的发言风格非常文艺，应当是一个自诩很有思想的人。对于这样的人，知乎和豆瓣是令他们流连忘返的乐土。于是我来到了知乎里梅导演的认证主页上，看到了他在此处的个性域名“plum38596”，“梅花”的英文就是“plum blossom”。尽管我不懂加上数字的整个短序列具体有什么含义，但我只需要知道对于梅林鹰它确有意义；换言之，这个短序列不是机器随机生成的，也不是梅林鹰随便乱起的。

当我把个性域名放到微信中时，就查到了一个名叫梅林的 ID。最关键的是，这微信头像和知乎认证页面上的头像是完全相同的蓝色卡通黏土人。是的，不仅新浪微博和新浪博客里个性域名可能存在，知乎、豆瓣，甚至简书、Lofter 里也可能找到，就看你的目标人可能把自己归类于哪一群小众。

5. 推断

回到《三国演义》一顾茅庐的那个剧情，刘备对于自己 ID 的描述可称经典。所谓“汉左将军宜城亭侯领豫州牧皇叔刘备”，有军职、有爵位、有官位，有和皇帝的亲戚关系，最后是姓名。有点冗长，但是清楚、完整，体现了自己的分量。当他发现门童并非没见过世面的下里巴人之时，就让门童转达诸葛先生：“只说是刘备前来拜访”。—— 这个细节告诉我们，当一个人自信足够高大上，同时认为对方听说过自己，他就会只用自己的姓名作为 ID。这里的“对方”，是指他预计会和自己打交道的人或者人群。

反之，如果他不认为自己在对方那里名气足够大，一说就知道，他就会给自己的 ID 加上其他成分。像刘备，在乡下门童面前，会加自己的官位爵位等；而像我们今天的一些人，就会加自己的生日、公司名、产品名，等等。比如某著名分类信息网站创始人姚先生的微信号就是他的姓名 + 公司名，某著名移动零售解决方案提供商朱先生的微信号就是他的昵称 + 生日，清华系某著名连环创业家许先生的微信号就是他的姓名 + 产品名。

基于上述原理，我们可以在 QQ 空间搜索栏里直接搜索李开复、徐小平、李笑来、咪蒙、好药师的 CEO 吴俊飞、知乎的创始人周源、猎聘网的创始人戴科彬等，都可以找到他们本人的 QQ 空间，从而得到他们的 QQ 号；甚至从这 QQ 号，得到部分人的微信号。尽管大多数人已经不用 QQ 空间许久。

6. 邮箱

不过，高大上的严肃人物通常并不爱用微信和陌生来访者交流。联系他们最好的方式还是电子邮箱。下面再举三个身边的例子。

第一个例子是：运用邮箱方法，我的学员、某市科技局领导赵女士很顺利地请到了北京理工大学副校长、中科院院士、著名大数据专家梅宏先生来为区里做信息化建设指导。她求助于我，我先去网上大致研究了一下梅宏：他原为北京大学计算机系教授、博士生导师，当时的邮箱是 meih@pku.edu.cn；但在 2016 年下半年调去了北理工。可能是由于担任了副校长这种管理岗，北理工的官网上并没有像披露普通教授邮箱或电话那样披露他的。不过很好办，作为“高等院校”机构的严肃人士，姓名简单但不常见，倒推邮箱就是不二之选。既然北京大学缩写 pku，现单位缩写是 bit，那么梅院士的邮箱无外乎 meih@bit.edu.cn 或 meihong@bit.edu.cn，几乎不会有第三种可能性。我让赵女士同时给上述两个邮箱发邮件，清晰地说明自己的身份、联系电话和诉求。结果当天晚上就被 meih@bit.edu.cn 退信，但 meihong@bit.edu.cn 并无动静。次日上午梅院士就给她回了邮件；不仅感谢她的来信，而且给了她助理的手机号码。还没等赵女士打过去，助理的电话就过来了，双方迅速进入合作接洽。

在第二个例子中，使用完全一样的套路，在 36 氪听我现场讲课的学员、珠海国际银行的郑处长也光速联系到了福布斯排名前 50 之某位富豪，顺利推动了业务；他很惊喜地给我发来感谢信，说自己“受益良多”。我问他具体过程，他说：“就是用您讲的姓名全称加上公司邮箱后缀，然后发了一封邮件给他，并且当天晚上就得到了回复。发邮件的时候把事情说清楚，把对他有利的方面写明，然后告诉他我是想要联系您公司相关部门，但是并没有找到，如果您对我提供的服务感兴趣，就安排人和我对接一下。然后当晚就回复了，次日有一个副总裁就和我联络了。”

还有位学员小温，给著名风投基金的 HR 发应聘邮件石沉大海，一怒之下就把这家基金合伙人赵炜的邮箱地址反推出来了。她给赵炜写信后，赵炜很欣赏她这种“捉人”能力，很快，具体说就是第二天就给了她面试机会。所以说，我们不用担心高大上人物不回邮件：因为越是能爬到高位的人，他的执行力肯定是越强的；反之，他执行力不强的话，就根本到不了那个位置。这样，只要你的事情分量够了，表达清晰了，他有什么理由不理你呢？

同理，像很多巨型企业，无论外企、民企还是国企，他们的顶层管理者其实都使用自己的姓氏或名字，又或众所周知的正式英文名加上公司官网域名作邮箱地址。关于用电子邮箱找人的方法，在后面的章节我们还将有所补充。

7. 其他

最后补充两点：艺人明星、时尚大咖的微信账号可去 Facebook 和 Ins 上找，哪怕他是中国人。某些大企业如京东、电信运营商、银行券商信托的高管中层的微信账号可去各大在线文档分享平台找，当然可能你找了一圈后没看见任何人的微信账户，但是具体怎么找我就不细说了，不解释。

15 个大案例和数不清的小例子讲完了。稍微总结一下：在法律限定我们不应获取他人手机号码的前提下，如果我们旨在获取对方微信号，有用的草蛇灰线可能出现在：第一，领英或脉脉这样的职场社交平台里；第二，新浪微博或知乎等类型社区的个性域名里；第三，新浪微博的“主页——更多基本资料”里；第四，QQ 群或 QQ 空间里；第五，“天眼查”等商业背调平台里；第六，Facebook 或 Ins 里，或许推特也可以但比较少见；第七，在线文档分享平台里；第八，靠你自己推理。最后，建议你联系高大上的严肃人物时正儿八经地写邮件。

（四）专业工具，民间找人提高效率

今天介绍给大家的方法、工具和案例，都带有更强一些的“专业性”。所谓专业性，是和前面那章的“野路子”不太相同。民间人士一般走野路子，而特定行业人士，就习惯于走专业路线。当然，行业人士有时也走野路子降低工作成本，就像 FBI 反侦察我的那个案例；而民间人士比如你我，也不妨借鉴一些专业路线，以提高效率、开阔思路。

1. 图侦

几个月前，在白银连环案嫌疑人落网后，新闻连续报道轰动全国的那段时间，带着好奇心，我向一位公安战线的朋友探讨了新中国成立以来许多骇人听闻的著名大案，于是他就顺便给我科普了一下刑警工作的分工，三大块：刑侦、技侦和图侦。刑侦警察要出成绩，高度依靠技侦和图侦的有力支持。在这三大块之中，我本人格斗比较弱，动手做实验技术也不行，唯独生性敏感、对图侦比较有感觉。我讲过的图侦案例绝对比民警一帧一帧看监控图像，直到看成斗鸡眼有趣得多，而且也最受线上课学员欢迎。

通俗地说，图侦就是通过图像中的蛛丝马迹来追踪犯罪嫌疑人或找到想要的答案。虽然犯罪嫌疑人不能归属于人脉，但有些时候，精准地获取人脉却需要从图像中找出真相。俗话说“一图胜千言”，图侦技巧有时可以帮你做到四两拨千斤，它是我们快速获取人脉方法集中的重要组成部分。

民间图侦曾经有个轰动全网的经典案例，就是清华水利工程系 19 岁的罗霄宇同学只用 40 分钟就精确定位到了某女星的家庭住址，他的能力还受到了华裔神探李昌钰的肯定。罗同学所用的素材不过是该影星新浪微博上的两张随手照和两句牢骚话；所用方法不过是排除、推理以及自己的生活常识；所有工具不过是 Google Maps。

受到罗霄宇案例的鼓励，我自己也尝试过追星，而且也成功了，用时和罗霄宇差不多，只是不如他精确。我知道这位演员住所的大致区域，又偶然得到了他小区内景的一张照片，尽管除了样式普通的楼房，照片内的可用元素极少，但用安居客这种房产应用里的小区介绍图片，我还是三下五除二就把他所在的小区比对了出来。如果要进一步追人，直接去那个小区蹲守就行，只是我不明白我干吗要做这种事。

下面介绍的一些图侦案例，都是任何书上找不到的。而我们所使用的工具，无非百度图片、百度识图、地图以及房产应用等。

第一个案例是我朋友圈里的九张图（见下页），都是美丽的异域风景，其中图 6 是蓝色脚板的魔性大鸟，图 3 是背上长刺的呆萌蜥蜴，二者最为引人注目。我想知道这些犹如天堂般绝美的风景在哪里。

凭借自己的动物学常识或干脆使用百度识图，我们很容易确认图 6 是蓝脚鲣鸟，图 3 是海鬣蜥。翻阅二者的百度百科，查到二者栖息地的交集，只有厄瓜多尔附近的科隆群岛，也就是著名的加拉帕戈斯。打开科隆群岛的风景集，与朋友圈的照片完全吻合，所以这就是答案。当然，目光锐利的同学也可能注意到图 4 躺椅背上的“GALAPAGOS”这个奇怪的单词。

这个案例说明我们在图侦时，要高度注意图中最特别、最不常见的元素，因为它所包含的信息量很可能最为丰富。

第二个案例是一张剧照。照片上一位少年将军策马前进。他相貌清秀白皙，目测怕不满二十岁，头戴六瓣飞碟盔。照片

的左上角露出一面旗帜，上面明显绣着袁，姓袁的袁。那么请问，如果照片上各种元素都是按正史来的，那么这位历史人物他会是谁？

如果认识演员的话，当然可以从新闻中得知他最近拍了什么戏，饰演什么角色。但很可能这是一位知名度不高的小演员。此外也可用百度识图查到图片的来源，但很不幸原始图片已经被演员删除。这时，如果你具有一定的历史背景知识，那么不用任何工具，本题也能有解。

首先，这位将领虽然相貌清秀但不一定是女的，所以不能上来就猜是花木兰或穆桂英，北朝或北宋的盔甲根本不是这么长的。其次，六瓣飞碟盔是非常典型的明盔，那么该人肯定是明朝的将校。照片左上旗帜的一角有个“袁”字，明朝袁姓大将只有袁崇焕，即便不知道，随手百度“袁 明朝”，结果里面除了他一人，你会发现其他袁哥都不懂带兵。

这时候可以判断他是袁崇焕吗？但是随手百度袁崇焕生平就知道他大器晚成，35 岁考中进士，接近 40 岁才开始领兵。年龄完全不对。虽然不是袁崇焕本人，但这位小哥应该是袁崇焕军中的将领，这样就极大缩小了范围。袁军中最有分量的将领有四位，俗称“关宁铁骑四大将”，然而四大将都是大叔大伯和大爷。

虽然四大将可以直接 PASS，但这位少年的历史知名度足可以完爆他们，那就是后来的清平西王吴三桂同志。事实上，吴三桂是四大将之首祖大寿的外甥，从军年龄很早并且勇冠三军，袁崇焕遇害那年他恰好 18 岁，历史记载他的外表兼具北雄南秀，因此吴梅村的《圆圆曲》中除了说他“冲冠一怒为红颜”，还有“白皙通侯最少年”。从甲胄到旗帜，从历史地位到年龄外貌，答案就是这么出来的。

这个案例说明做好图侦需要一定的学科知识和丰富的联想能力。

第三个案例真的是找人，但不是人脉。因为目标人已经于七年前低调去世。逝者是资深演员范之来老师，七年来，他的粉丝们一直想知道他葬在哪里，在网上只能找到一张他的发小去看望他时，拍摄的墓碑照片。照片中的花朵和祭品很多，掩盖了墓碑本身的形状，就算没有掩盖，大型公墓的墓碑样式非常繁多。就算使用百度识图，也很难找出答案。

换一种更简单的思路：范老师虽然没有得过金鸡百花，但纵横影视界三十余年，也是公认的老戏骨，可以算是名人。殡葬业人称暴利行业，好一点的公墓但凡捞着名人就要借他们的名号搞自我营销，所以我们直接去百度“范之来 墓地”，就可以瞬间找到答案。或者你也可以百度“范之来 八宝山”，毕竟我不知道北京其他公墓的名称。由于八宝山和范老师所在墓地有合作关系，所以也能马上查到答案。这个案例的重点在于：不必执着于最明显的已知条件，看似最明显的，也许反而并不包

含有效线索。

第四个案例是两张会议照片，上面是与会者的手拿着一支钢笔，笔身上的小篆非常醒目，但要看懂就很难。手指下面是一张宣传册的封面，放在办公桌上，封面上有几个英文单词。照片的其他部分模糊不清。我们想知道拍摄者正在哪个公司开会。答案可以视为一种初步的商业情报。

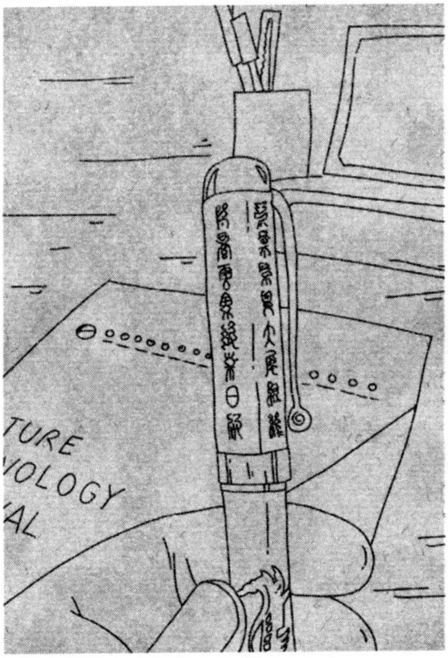

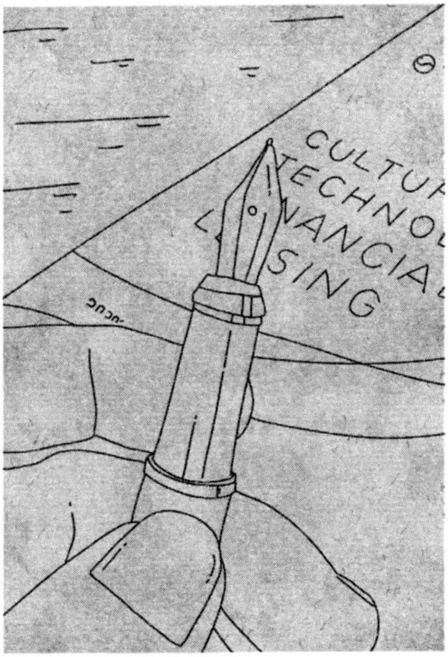

解题者很容易被视野的主体，也就是工艺钢笔上面的篆字吸引注意力，冥思苦想浪费大量时间。但有效线索其实潜伏在宣传册上。两张照片里的单词拼接起来就是 culture technology financial leasing。而宣传册封面上的这几个关键词大概率和公司名称强相关。这时我们把上述词组放进百度，却还是什么答案都没查出来。

但我们只要把相对应的中文词组放进百度进行二次搜索，第一条结果正是正确答案的公司官网。照片里宣传册左上角的模糊 LOGO，和官网的 LOGO 比对后完全吻合，证实答案准确无误。部分人从一开始就去猜测照片上的 LOGO，当然行不通；还有部分人止步于距胜利一步之遥，就是想不到用英文词组的中文翻译去百度。所以说优秀的图侦员不仅不能被无效线索误导，还得既灵活，又执着。

还有一种更简单的“分总分”图侦思路：不久前，网上爆出新闻说某位前央视主持人与美籍华裔医生结婚被虐待，还贴出二人面部被打马赛克的照片。很多人都想知道这位主持人究竟是谁。其实很简单：把马赛克照片放进百度识图里一搜，就找到了两年前结婚当日的原始照片和相关报道，主持人和医生分别是谁就都一清二楚了。当然 Google 也有类似的识图产品，技术还更厉害一些。但是原理是一样的。就是当我们不清楚图片中的某部分信息，但清楚其余部分信息时，识图应用就可以通过后者找到包含完整信息的原始图片，从而让我们得到需要的那部分信息。

我的学员叶先生，也是靠着图侦完成了找人任务。他帮朋友寻找一家临时商店的供应商，该商店是手工香皂店，曾经出现在半个月前的节庆活动中。朋友没有店名、店址、联系方式，也不认识它的顾客。而叶先生距离该店 160 公里远。突然他想起一个月前自己去过该店附近闲逛，于是翻出照片，发现其中一张照片的街头广告是关于该活动的，从广告内容可以大致推出承办单位的名字。叶先生追到承办单位的官网，不仅发现了和广告完全相同的图片，也从文字内容证实了这就是要找的临时商店的供应商。完成任务历时 15 分钟。

2. 邮箱及相关工具

前面我们介绍过使用邮箱推理法联系到不同领域三位大咖的精彩故事，也在更早之前的章节中提到过用同样的方法联系到世界五百强企业来宝集团的创始人和董事长。来宝集团的官网域名叫作 www.thisisnoble.com，创始人名叫 Richard Elman，最后他的邮箱就是 Richard@thisisnoble.com。套路是差不多的。我可以下结论：对于高大上机构的目标人，只要你知道该机构任何人的工作邮箱，且邮箱前缀与其姓名挂钩，就几乎肯定能推理出目标人的工作邮箱，因为命名格式是相同的。当然，印度人名字太长，可能就不好说。

除了来宝集团这种典型大外企里的英国人美国人邮箱会设为名 + 姓 @ 公司官网域名这种结构（理查德 · 埃尔曼作为董事长可以像日本天皇那样，只用名字来标识自己，不写姓氏），其他主流的推理套路不过以下几种：

英文名（或花名拼音）、姓 @ 公司官网域名，譬如腾讯所有人包括马化腾；

中文名全拼 @ 公司官网域名，譬如百度多数人除了罗宾 · 李彦宏；

中文名、点儿、姓 @ 公司官网域名，譬如我供职的上一家公司；

以上套路的组合再加小修饰，比如碰上重名的就加数字，或出生年月。譬如前面提到过的阿里。

罗列出有限几个可能性后，就用普通搜索引擎去搜。如果不幸没有搜到推测的邮箱，也可以新注册一个免费邮箱，针对这几个推测结果 ABCD 进行测试性群发。如果邮箱 ABC 都不存在，服务器自然就会退信，并告知你 ABC 是不存在的邮件地址；而如果 D 没有向你退信，就基本可以肯定它是目标人所使用的邮箱了。

请注意：初次发邮件千万不要包含有营销倾向的词汇，像“打折”“报名”“优惠”“免费”“代理”“总裁班”什么的，否则会被系统直接收进垃圾箱，而对方根本不知道你给他发过信，你也根本不知道对方不知道你找过他，还以为是他鄙视你。敏感词有哪些？网上自有很多总结。当然，网上还有很多免费邮箱校验工具，可以帮助证实某个邮箱地址是否存在。但工具没有完美的，各有各的瑕疵，可以和上述方法配合使用。

邮箱本身自然是常用的找人工具，但下面我将推荐几个很不常见的觅邮工具。

首先是 emailhunter.co，可以说它是上述人工推理法的机器版。使用方法很简单：在其搜索框里填写目标人所在公司的域名，它便帮你罗列出所有在网上出现过的，以此域名为后缀的电子邮箱。而后，你要么挨个寻找目标人的那个邮箱，要么从已有的邮箱前缀推测出该公司员工的邮箱前缀构成规则，从而推知目标人的电子邮箱。emailhunter 是外贸从业者的利器：即便他们没有已知姓名的目标人要找，也可用它查到目标公司的很多职员并联系。

其次是 Lead411 和 email-format，更是可以帮外贸从业者精准挖掘国外的合作伙伴和客户。举例而言，具体用法是这样的：

找到你的目标客户的公司官网；在谷歌中输入如 www.smartpowersystems.com lead411，在搜索结果中打开域名含 lead411 的网站，在里面你会看到 Smartpower 这家公司的高层在职领导。而后，打开 www.email-format.com 点击搜索，搜索栏中输入 www.smartpowersystems.com，这样就会在搜索结果中看到此公司的很多邮箱，然后将邮箱与第一步中搜索结果的人名两相对照。一种可能是：例如，该公司的总裁是 David Premir，而在邮箱搜索结果中恰好有一个邮箱地址是 dpremir@

smartpowersystems.com，那么基本上可确认此邮箱就是总裁本人的邮箱了，最后结合邮箱校验工具查看此邮箱是否有效。

最后是 rocketreach.co，它号称可以检索到全球 600 万家公司内 2.5 亿职场人士的电子邮箱、工作电话和社交网络页面。前面章节提到过的神秘俄罗斯投资巨头，握有 Facebook、阿里、腾讯等千亿级美元公司股份的尤里·米尔纳，就是从这里找到的邮箱。除非懂俄语，在网络上的其他地方你休想找到这位传闻签完投资协议就人间蒸发的资本怪咖。我在这里还帮朋友找到过创办了无人驾驶卡车领域知名创业公司 OTTO 的 Lior 和 Levandowski。考虑到外国工具用于中国经常不好使，为了验证一下 rocketreach 工夫下得有多深，我索性检索了一下马化腾，检索到的主要联系方式竟然是对的。

Rocketreach 每个月会给用户 5 次免费检索机会，然后就是分成铜、银、金三级的付费会员服务了，金牌会员每月花 299 美元可以检索 1150 次，我觉得还是挺公道的。

3. Whois

Whois 主要用于查询域名或 IP 地址的归属。不要认为这跟找人没有直接关系，正是以它为起点，我完成过一起看似全无线索、根本不可能完成的找人任务，而且完成过程优美得符合奥卡姆剃刀原则。

请注意：因为案例主人公横跨政商两界，有一定敏感性。所以他的本名和所涉及的其他人名、机构名我都做了一些改编，但不影响对于方法的介绍和过程的叙述。

某天老板用微信转给我一封 H5 的邀请函，来自所谓的“寰球技术与文化创新峰会”，简称 GTCIS，档次直逼博鳌论坛。我还记得的外国嘉宾就有诺贝尔经济学奖某得主、加州伯克利大学地外生命研究中心主任，还有 Hyperloop 超级高铁的 CEO，也就是后来特朗普当选后，发誓要为加州独立而奋斗的那位英雄。中国嘉宾们的名字同样如雷贯耳。老板转给我邀请函，是想让我帮他搞清，这么震撼的峰会是谁在幕后操盘。搞清楚了，“咱们是不是也能组织一个”。

摸着页面我上下划拉了几下没找着有用的线索，也没找着任何跳转的指示。但后来我注意到，页面的左上角是彩色的大会 LOGO，而右上角是三条等长的短横线，或许代表着可以点击。

点击 LOGO，果然就到了邀请函的首页；点击横线，就出现了下拉菜单。于是我很快遍历了这份邀请函，看到主办方是“WTO 中国工商理事会”，而承办方叫 O 星人社区。既然主办方如此伟岸，想来事情就比较好办。我百度找到它的官网，发现该单位接受外交部和外经贸部的双重领导，专门组织宇宙级盛会，调性也和 GTCIS 相符只不过没那么潮。而承办方 O 星人社区就不太让人摸得着头脑，除了一段说了等于没说的官话，提都不提他们是谁，从哪里来，想到哪里去。拼命搜索一圈，只是证实了 O 星人社区既没有官网，也没参与过其他事。

为了追求速度我就把手头的发现交给了老板，不料老板很不高兴，说主办方是谁他也能查到，他要知道的是承办方 O 星人的背景，以及那个隐身幕后、神通广大的主导操盘人。

虽然邀请函上也有联系电话和邮箱，但显然没法去问对方这种问题。但好在联系邮箱 info@O-int.com 不是 163 或新浪邮箱，尽管它套路冰冷，但宝贵的线索若隐若现。

把后缀 O-int.com 输入 IE 地址栏，但回车后发现网站不存在；无奈之下祭起最后的绝招，启动 whois 查询这个域名的归属信息，一堆凌乱字母数字中凸显出注册人是拼音的 zeng liu bo，而注册机构是拼音的“亚太联合会务服务北京有限公司”——这跟峰会官方双微显示的注册机构完全一致。先前我还误以为是办会展的外包公司予以忽略；现既然三者合一，便当然不能放过。

于是在“天眼查”里查询“亚太联合”，发觉这个小公司很不起眼：注册资本仅 100 万元、业务范围大致就是会展。仅有的两位董监高一位叫徐知，一位叫李健，也看不出是不是清华那位唱歌的李健。

好在下面还有该公司注册过的十几枚商标，不难看出它们都围绕着“GTCIS”“O 星”和“汪星”这三个元素。在“天眼查”中再次查询“GTCIS”和“O 星”，都没有什么新发现；但查询“汪星”，又追查到一个“汪星信息科技（北京）有限公司”，其董监高之一恰好是 whois 上显示的曾流波。而另一位名叫姜霖。

到此为止，我得到了两家公司和四个人的名字。公司之间虽说没有股权关联，但“亚太”持有“汪星”的商标，而“汪星”的高管注册了“亚太”拥有的域名，两家公司的关系一定不是那么简单。于是果断暂停搜集外围信息。而后我把四位先生的姓名和主办方“WTO中国工商理事会”分别组合在一起，依次放进百度搜。答案随之大白，因为只有姜霖是WTO中国工商理事会的执行秘书长，屡次出现在各种“蟠桃盛宴”的新闻中。老板要知道的人，除了他不可能是别的谁。兜兜转转，主办方和承办方其实就是一家人。

稳妥起见，我还是向GTCIS协办单位的朋友做了求证，因为不熟，也就对她会不会帮我打听没抱希望。四天之后，反射弧过长的朋友证实了我推理的结论，还说理事会的人不愿顶着官方的帽子，因此给自己起了“O星人社区”这种应景的名字。

当然，这个案例还有其他破解之道。像我一位学员就说：这一看，主办方和承办方明明白白就是一家人。我惊问哪里能看出来？他回答：很简单，这种峰会经济效益和社会效益双优，我自己能办干吗还要另找别人来承办？我无言以对，佩服得五体投地。

还有一则案例异曲同工，也是 whois 一查定江山。这位学员给出她仅有的地址链接 http://115.239.132.48/BPO，声称必须尽快找到这家公司，但多方尝试无效而心急如焚。我知道 BPO 的含义是商务流程外包（Business Process Outsourcing），但这地址点进去，除了一个需要账号密码的登录框就是一片空白。无奈之下，我又用 whois 查询 IP，将得到的注册商拼音名称直接百度，就得到了公司中文名；再用“天眼查”查这中文名，就得到了足够的公司信息。只可惜该公司刚刚遭遇纠纷，已清楚地显示不在开业状态，这下连合作的尝试都可以省了，免得白费劲。

当然，whois 不仅可以根据域名查询拥有者的很多信息，也可以进行多种反向查询：就是根据已知的注册邮箱、注册人名、联系电话、注册机构等等，来反查得出这个注册邮箱、注册人名、联系电话、注册机构背后那人所拥有的多个域名或网络资产。

4. 专属数据库

最后是某些行业内部人员使用的专门工具，它的用户都是经过身份审核才能使用它的。

比如记者有“蓝鲸财经”这样的找人数据库，里面都是经过记者采访的人物，社会名流居多；但你要进去就必须先上传记者证。猎头有“老猎头”社区，你也必须自证是一位猎头才能进得去它最核心的区域。在这两处，我分别找到过来自十角兽的著名创业企业家和著名投行高层，深刻感受到记者和猎头可谓是常人难以想象的专业人脉王。在传统智库平台如 GLG、BCC、Capvision 上面你可以雇佣任何领域的专家解决问题，而平台不会透露他们的准确身份；但是以“在行”为代表的互联网智库平台让你看得到行家本人的立体信息，甚至事后还能交个朋友。另外就是行业数据库，比如 ChinaVenture 建立的投资数据库，之中有子数据库包含了全国所有风险投资从业者的联系方式；虽然相当全面但一般是高价出租给投资机构的。这些工具更精准，而且也有办法用到，在此不多讲。

5. 上市公司年报

如果你有重大事项要找国内外上市公司董事会成员，像董事长、董事、董事总经理等等，你可以忘掉前面的一切内容，直接去看公司官网上“投资者关系”频道下的年报。只要是上市公司，无论在哪上市，监管机构都会要求它披露年报，而年报中必须披露董秘的联系方式。董秘是董事会秘书，也是董事会与外界沟通信息的指定渠道——只要你的事份量足够，董秘便有义务帮你传达。

在我们已探讨过的来宝集团案例中，联系董事长的最佳途径，其实是通过财报中的董秘。 前不久，腾讯阿里争投的某实业公司名声大噪。我的一位企业家朋友想要联系它的副总经理。研究下来，我发现不仅这家公司是上市公司，碰巧目标人还兼任着董秘。顺理成章的，在年报开头就出现了目标人的联系方式；年报几乎是在指定：要联系公司高层，就联系这人吧。

当然，我们就不要花尽心思从公安局、税务局、电信运营商或者银行，以及有漏洞的公共服务网站上去找人了，一是非法，二是根本没有必要。

（五）执行！执行！但请兼顾性价比

就在我为本次课程备课的时候，一位“在行”线上课学员前来报喜，她原话是这样的：“因为有事情需要找聚美的陈欧，利用老师教授的方法在 5 分钟内找到了聚美陈欧的邮箱。同时在 rocketreach 上找到了他斯坦福的邮箱。发邮件后，发现斯坦福的邮箱退信了，但是用老师的方法找到的邮箱显示成功。3 小时后，收到了他的回复！”我立即问她具体方法，她回答说：“我当时有直接推理他的聚美邮箱，但无法确认。所以在 whois 的网站里输入聚美的网址，很幸运它显示的域名拥有者就是陈欧本人，而且还有邮箱。于是我就给他写信了。”

在前面章节涉及 whois 的那个经典大案中，我的路径是通过已知域名来追踪不知名的域名拥有者，找出他的名字；而这位同学则是知道域名拥有者的名字，通过域名来获取他的邮箱：严格说来，这不是我教的方法本身，而是学员学习方法并融会贯通之后的举一反三。

与之相反的是最近早些时候，另一位线上课学员给我写了差评。说这门课最多让她“达到知其然，而无法知其所以然。因为这些理论是成立的，实际上却没什么用”。我不解，告诉她本课有数不清的学员联系到了工作需要的院士、福布斯富豪、目标雇主、有效内推人、市场对接者、合作伙伴、电影导演甚至世界超模等等；为什么他们行，你不行。后来我的好友，资深记者罗女士告诉我，这位学员的话，换个说法我就能理解了，其实是那句：“我们听过无数的大道理，却仍然过不好这一生。”光知道有什么用，得去执行呀！这一下我也恍然大悟，想起了几年前 FBI 对我的表扬。

1. 万里寻踪

那年我为了他传记的再版，飞越 1000 公里冲到花旗集团前主席、克林顿内阁前财长、著名经济学家罗伯特·鲁宾面前，甫一递交这小小诉求，就被负责现场安保的 FBI 请了出去，喝黑咖啡、友好切磋、严重表扬：我完全可以跟他们做同行。沉浸在兴奋之中时我以为人家表扬我聪明，复盘的时候才发觉他表扬的是我的执行力，因为无论我追鲁宾还是 FBI 追我都没用到任何特异功能或脑筋急转弯。

然而这是我的课程最特别也最引人好奇的一个案例。以至于有时我会愧疚地想：学员们想听的故事，是不是充斥着密码学黑科技，从飞机打到火车的搏斗，以及《007》中那样魅惑的桃色事件。但其实，这真是一个全靠执行力的故事——20 小时，往返跨越 2000 公里的强悍执行力。

事情的始末很简单：

早在 2005 年，我通过中国社会科学出版社编译中心引进了鲁宾先生的自传。2010 年，原出版商又想再版此书，希望鲁宾为新版作序，谈谈对当下金融危机的看法，于是托我去找他。原有的渠道已经丢失，更不幸的是此时鲁宾已经退休，行踪不定，联系上他相当困难。

纯属好胜热血，自己找虐，我发疯般地在 Google，Facebook，twitter 等处翻天覆地。考虑到鲁宾是勤劳的犹太人，退休后多半还是要到处发表演讲，赚外快、刷存在感，我就重点查询大城市的公共机构活动预告。记得查询关键词无非就是Robert Rubin event, Robert Rubin speech, Robert Rubin lecture, Robert Rubin schedule, Robert Rubin trip, Robert Rubin summit 等等组合的穷举。

鉴于美国大都市两只巴掌都数得过来，加之皮革马利翁效应大显神威，居然有好消息神迹般地出现：恰好在那一天的后天，他就要去某学院发表演讲，该所学院的名字是如此的陌生，以至于我此前从未听说，此后也再想不起来，只记得位于纽约市的某个半岛。理性如我，马上就用我那高大上的学生邮箱给该无名学院写了一封措辞堂皇、表达清晰的电邮信。结果，自然是杳无音信。

Rubin 演讲日，也就是2010年11月4日的零点到夜晚20点，我虽勉强把握住了生死时速但过程不堪回首——天还没亮就从安娜堡全速冲到底特律，迎着朝霞起飞冒着中雨降落在纽约，打车去那闻所未闻之地堵截他老人家当面致信，被FBI礼送回拉瓜迪亚机场直飞底特律，当天第四度打车回到学校驻地栽倒在床上。其间经历了头天夜里只睡3个小时、老大爷清晨摸黑飙车、没空吃早午饭差点饿晕、机场马桶上赶完作业、手机断电他乡迷路、出租车绕来绕去差点吐车上、黑心司机敲竹杠、迟到人多够不到鲁宾的讲台、从后门接近险被黑人保镖一枪爆头、鹰眼 FBI 逮我质问不准走等突出事件，我以为被捕了，原来人家是要友好交流专业技术，最后还给了个高度赞扬。全程系列无厘头让我把这 24 小时过成了一整年。

下面是事发当天的日志。有感于白天的传奇历历在目记忆犹新，遂深夜从床垫上艰难爬起逐字敲打完成，故为高保真。

11 月 3 日夜 11 点，终于结束对同学提供的咨询服务，被同学带着在寒风中走了 7 分钟霜冻的路，然后被他开车送到家。

11 月 3 日夜 12 点，把冰箱里放了一天的剩饭菜吃掉。

11 月 3 日夜 12 点 40，洗头洗澡。不得不洗，前两天没忙得过来。

11 月 4 日晨 1 点 10，最后纠结要去还是不要去，连日黑眼圈，意识模糊中。

11 月 4 日晨 2 点 15，线上订好机票，电话订好出租，整理好行李。

11 月 4 日晨 2 点 15—5 点 30，睡觉。

11 月 4 日晨 5 点 30，被叫起，洗漱穿衣，来不及吃饭。

11 月 4 日晨 6 点 15，出租车冲出夜幕，却恐慌地意识到时间可能不够用，司机又是个老人。

11 月 4 日晨 6 点 45，到达机场，安检排成长龙，正求告无门，突然队伍流速加快，终于及时赶到登机口。

11 月 4 日晨 7 点 20，SPIRIT 航班飞机东向起飞，夜色仍然苍茫。

上午 9 点到达纽约，总算吃下一个意大利锐角扇形饼，喝下一瓶百事。终于有时间上了厕所。iPhone 上做了作业却死活发不出去，冲到机场外面，勉强发了出去。

10 点半出发，出租车司机是个韩国老头。雨下个不停。

到了目的地所在大学便不停地绕圈，我指着手机上的 GOOGLE MAP GPS 拼命跟他说你走错方向了，他充耳不闻，装傻中。而后我晕车晕得一塌糊涂，眼看就要在迟到之前吐到他车里，只得跟他怒了；于是他问了无数路人，打了无数电话，终于把我带到目的地。本来商量好让他下午接我，并且接受了他的竹杠，现在我告诉他谢谢你姐不需要你接了。结果他趁我半死状态且心急如焚，给了我一张非正规收据。

进到那个名叫可爱舞厅的会场，鲁宾的演讲已经开始，不知道他是否还记得我。他人很矍铄，皮肤很白，比照片上那个熟悉的形象显得年轻有活力，而且还戴了金边眼镜；声音浑厚但讲话不算特别口齿清晰，讲的内容高屋建瓴且很有条理。会场比我想象的大得多，听众也多得多，组织者和安全人员也颇多。俺坐后排犯傻，为了给韩国司机指路，手机已经耗空电量，就算想偷录都不行。瞄了一眼，墙壁上一个插座都没有。

愣了半天，总觉得不应白来一趟，只好离场去找主办方。一个非常和蔼端庄的白人中年女士听我说完，告诉我说她已经从下属那里知道了我信中的请求，并劝告我不要在如此多听众面前向鲁宾先生提出这个比较有强迫性的问题，因为有可能让他左右为难。我也觉得她说得有理，只好回去坐下。

虽然大脑一片糨糊，但眼见鲁宾很快结束了演讲进入答问环节，而且不长的演讲中三度提到中国的成就和他与中国领导人近期的交往，还是意识到不能无所作为，于是询问工作人员Rubin会从前门还是后门离场。对方说后门，但又说这大人物不会接受私人面访。我说就一分钟。她仍然说不可以。

我无奈，只好偷偷溜出，找到后门出口的方向。正要走近后门确认出口的位置，发现后门的玻璃背后是一个虎背熊腰的黑人保镖，遂趁他没发现赶紧拉开距离，以免保镖产生应激行为把我击毙。

这个时候那白人女士突然出现，惊喜地喊道，原来你在这里！我到处找你找不到！同时又冒出一中老年白种男人，眼神十分锋利，问，你在这里是何居心？

那位白人女士温和地说，你有没有带那封信的打印件，我一定帮你交到鲁宾手上。我说没带，但你们有打印机吗？她立即带我去附近同事的一间办公室，很快把那信打了出来（信上增加了我的邮箱地址）。她说你放心，我说到做到，我想他看到信应该愿意答应的；然后还给了我一张名片保持联系。我说 Gold 女士我们素昧平生我实在找不到语言来表达感激之情了，请恕我今天的冒失行为给你们带来的麻烦，但是请理解我为了这事翘了三堂课早上 7 点专门从那边飞过来的。她很善解人意地说我理解我理解。

完事之后出得楼来不清不醒地站在雨中等过往出租，没料到鹰眼白大叔跟出来，继续问我是何居心。我心想是何居心你问那女士不就 OK 了吗？但是觉得他那眼神实在太有魅力，于是决定坦白从宽。大叔听完之后压抑不住感动道：你是专门为这事儿过来的啊？激动地也塞给我一张名片，并问我现在有何打算。我说我找出租呢。大叔说我带你去安保亭召唤出租吧，于是被他弄到一个有俩高大警员的小亭子，请我坐，让我给手机充电，并帮我召唤了一辆车，价格居然只有韩国老头的一半。我说我坐着你站着我不太礼貌吧，其实我是想你那么大年纪站在我旁边我于心何安哪，可是在美国这种尊老的话又说不出口，他连连相让。

于是便有一搭没一搭地聊。我说看你目光锐利跟普京一样你过去是警察吧，他说自己曾是 FBI Agent，本次鲁宾先生演讲他得负责整个学校范围的安保，并不是存心让我不快，只是职责所在，保障鲁宾的演讲不被突发事件干扰而已。我说我这个行为有点过激给你们造成了一些困惑和紧张实在是抱歉。他有点得意地说，其实你刚进来我就在监视你了，你不是写了封信给这所学院么，他们转手就把信发给了我！我说，哇，可我的信里并没有自己的照片啊。他说，我可以查证你这个人的真实性啊：先去你们学校网站，不行就去 Facebook 嘛。我恍然大悟，说，我也差不多就是这么着追踪到鲁宾先生行踪的，他老人家自从前年从花旗主席任上下课以来我们就再没办法从公开渠道联系上他了。他笑着说，专业素质不错，可以当我同行了！（得到 FBI 的至高评价，真是心花怒放！）然后又笑谈了一会鲁宾的司机今儿也迷路，说不定和我的车平行开着绕了几圈都不知道……他还提到鲁宾退休后的生活同样繁忙无比。最后他真诚地说，你放心，Gold 女士承诺的话她一定给你办到！

警察叫来的出租司机果然低调，很快就以最便宜的价格把我送回拉瓜迪亚机场。在机场找了个僻静无人处，拿笔记本的电喂了 iPhone，然后在 iPhone 上看微博。直到眼泪滴在了屏幕玻璃上，才发觉自己激动了……

回到家，已经晚上 8 点多，好歹做了今天的第二顿饭草草吃了，打开电脑发现影子帝国群的昔日同事们已经激动得摩拳擦掌……原来“帝国”之外，我不是一个人在激动。

虽然身体和神经一并衰弱，但是想到突破万难成功地完成了使命，再次验证了这世上没有我找不到的东西，也就如释重负了。

堵截花旗集团前主席鲁宾的故事到这里就结束了。哪有脑洞？全是执行。何以成功？唯有死磕！受到这个案例的启发，我的学员小骆驼也如法炮制地成功见到了著名收藏家和商界大咖刘益谦。有兴趣的同学请自行查询公众号文章《我是怎样找到大佬刘益谦并和他谈合作的》。

当然，如此强度的案例执行我再也不想体验第二遍。交通费用总体折合人民币 9000 元，MBA 一天课程损失 2000 元，尚且不计入清晨飙车出事故和黑人保镖一枪爆头的生命风险。最后不就是为了区区一本传记的再版吗？我们强调执行力，也要重视性价比：执行大多数找人任务，根本不必离开办公桌。

2. 批量找人

哪怕是需要批量地找人、获取人脉。

比如说，有位金融数据行业从业人员，想联系西南三省+两广农业和林业所有企业的负责人，却又连对方都有谁都不知。其实很简单。我告诉他，搜狗前首席科学家柳超创立了好用的企业信息调查平台“天眼查”，它整合了1.2亿家市场主体的企业背景、企业发展、司法风险、经营风险、经营状况、知识产权等49种数据。在“天眼查”里，根据你的经验，输入这两个行业里企业的共有关键词，再用“地理区域”这个维度来筛选。既然他告诉我，目标企业都是中小型民企，那么我告诉他，这些企业留在“天眼查”里的联系方式多半直通负责人本人，或者他身边最亲近的人，不妨直接联系。

又比如，常有创业者问我，有哪些靠谱的机构或个人对他的创业领域感兴趣。当然我不会测心术，这时我会建议他们去看国内最好最全最及时的创投数据库“IT桔子”，里面会将不同领域的创业项目归类。这样就可以看到都有哪些资本注入了他所在的创业领域：过往的投资即代表着兴趣。再进一步，如果他想把中国最知名的投资方都联系一遍，但又懒得一家一家地做研究，也可以去购买《创业邦》杂志社出版的《2017 中国最活跃风险投资人名录》。

再比如，外贸人员有时需查看目标公司尽可能多的职员，但除了公司名一无所知。这时她可去领英搜索该公司名。如果她是领英的免费用户，甚至新手，那么查到的结果大部分都在其三度人脉圈外：不显示姓名，统称“领英会员”，当前职位可见，头像或有或没，详细个人资料无法点开阅览，更无从邀请加友或发站内信。——如何免费突破领英的三度人脉壁垒呢？其实也不难。由于领英允许谷歌爬虫查看其会员档案，所以只需用谷歌图片功能搜索该会员头像的地址，或在谷歌中用高级语句“‘关键词’+site:linkedin.com”搜索他的当前职位；再从搜索结果中进入，就可以看到对方的完整信息、发送站内邮件和尝试邀请加友了。

3. 知其职不知其名

“批量”找人不必离开办公桌，寻找“不特定人”也是一样。

比如一位媒体公司老总寻找BOSE音箱的市场负责人。这位老总并没有明确所需要的目标人姓名，只要是市场负责人都可以。

按说市场负责人专职对外，怎会找不到？但是打开它的中文官网一看，“联系我们”那里确实就只有客服的400电话，以及一个给他们留言的表格系统，看上去非常端着，好像不想理你。可以理解，传统老牌外企，要是直接留下各部门的联系方式尤其是手机号码，就会显得档次低。但是我想：既然卖产品是这家公司的命脉，而且需要发展代理商，那么其市场营销人员，为了自己的业绩，肯定会倾向于reach out，让联系方式在网上曝光。

道理想通了，我是这样操作的：

首先用“天眼查”搜索bose，但啥也没有。那我百度“BOSE中国”，从数字音视工程网找到了它的中文名叫“博士视听系统（上海）有限公司”。再用“天眼查”探索这个中文名，就出现了相应页面，上面有联系电话，还有联系人邮箱叫nicky_zhou@bose.com。

我们又去领英查 bose corporation，很快找到某台湾人 Fred Hu，其 title 正是 head of marketing, Greater China，也就是大中华区市场部门的头。根据前面所讲，老牌外企的员工邮箱，格式都是一样的。那么，按照前面 nicky zhou 的邮箱格式，这位 fred hu 的邮箱地址也就知道了。

最后，我又百度“博士视听系统（上海）有限公司 email”，找出另一则介绍页面，它属于一个用于搜索公司、产品或代理信息的 b2b 网站，上面清楚地写明了一位王姓联系人的邮箱和手机号。

当这些结果反馈给老总时，她显得非常高兴。我告诉她，如果多花点时间，其实还可以找到更多，不过相信这些已经够用了。

又比如一位已工作几年的魏女士，非要找到首畅地产的 HR 毛遂自荐。我先看首畅集团的官网，在首页最下方的“联系我们”处只有总公司和分公司的前台电话，没有邮箱；旁边倒有个“企业邮箱”的链接，点进去竟是新浪的企业邮箱申请页面，原来有的国企也可以土得不要不要的。

随后百度“首畅集团 招聘”，一一点开查询结果，发现其实每年都有校招，索性调整关键词，再查“首畅集团 校招”。结果显示几大招聘网上，首畅集团都曾来过。虽然校招时间已过，多数平台上只剩下企业介绍，但我嗅到了漏网之鱼的腥味儿。

于是深入招聘网站专查首畅地产，无论是公司的招聘页面，还是论坛上学生们的讨论都不放过，很快看到首畅地产校招 HR 遗落在智联招聘上的姓名和邮箱。邮箱前缀是“首畅地产招聘”的拼音组合，而看似不太专业的新浪后缀恰好吻合官网的线索。

和尤里·米尔纳的案例相似，如果目标对象的邮箱偏离惯常认知，却又和来自权威渠道的线索相吻合，那么反而增强了邮箱的真实性。因为作假者很难如此细致入微。而且，从首畅集团招聘邮箱的前缀来看，校招社招都用这个邮箱的可能性不小。事后，魏女士在好评中告诉我，通过这个邮箱，她联系上了负责社招的 HR。

4. 好产品的幕后

再比如我想找到某群人——他们运营着一个低调的公司，该公司的优良服务令我垂涎。

去年底我开设了“人脉神探特训营”，是微信课，需自行招生。无意间发现朋友的群课报名系统流畅漂亮，还是人工智能配置。但从微信链接点进去后，报名页面上却没有任何服务商标识。

向来不太好意思问人的我点击报名页面右上角的三个小圆点，把地址复制了粘到 IE 地址栏。我先后尝试把地址里的序号改一位数、只保留根服务器名、同时保留根服务器名和文件夹名等等，但得到的反馈都是我没有进入页面的权限。

碰壁数次，我注意到地址中的核心词“17vsell”，于是百度“17vsell”，查到网站名叫“一起微商”，再将“一起微商”重新百度，来到了网站“长沙天空岛”。进网站东翻西找，发现了其产品“一起学堂”的公众号。扫码关注这个公众号，很快就设置好了同样惊艳的报名通道。

还有些时候，办公桌前找人就更简单了。一些目标人完全把公众号当个人号用，你找不到他个人号，直接给他公众号留言就行了。尤其是小一点的公司号或自媒体，目标人本人是常看后台留言的。比如《西游记》主摄像、导演杨洁的丈夫王崇秋老师就回复我的公众号留言，谢谢我每次都打赏他的文章。因为知道王老师已经75岁了，眼睛也做过治疗，所以当他亲自回复我时我也是“一百个没想到”，原以为是别人在运营他的公众号。说真的，公众号可比个人号好找太多了。

5. 猎头方法论

作为查漏补缺的最后部分，我来介绍一下职业猎头是怎样找人的。毕竟普通人也学不会。

如果说以记者为主的媒体人是最闪亮的人脉明星，那么猎头肯定就是紧随其后。这两类人天天都做人的生意：记者的优势是能联络社会名流，而猎头的绝技，则主要在于挖出封闭系统中的各种人物。这里的封闭系统指的主要是公司，没有一个公司希望自己被对手挖了墙角，但猎头为何就能屡屡得手呢？

虽然是相对封闭的系统，但公司要做生意要挣钱，它不可避免地会有很多对外接口，像市场部、公关部、客户服务部、商务拓展部……但猎头最爱的还是前台或总机，因为一般总能联系得上。但这并非是说前台或总机就会对你有求必应，你想找谁他就给你接通，何况很多时候你连目标人的名字都说不出，只知道他的职位或负责的业务。相反，前台或总机是一个公司的把关人，所谓把关人或者看门人，其职能主要是挡住大部分骚扰，只放进必要的或者对公司有利的来访、来函、来电要求。然而，有经验的猎头可以发挥表演技能，将把关人转化为帮他摸清公司内部情况的领路人。

举个例子，受用人客户所托，作为猎头的你把目标设为 A 公司 B 产品的销售总监。于是你扮作 B 产品的一名用户，打电话到 A 公司前台，报称产品故障或自己不会用，需要联系售后。对于逻辑合理的要求，通常前台不假思索就会给你某位基层售后人员的电话。一旦联系到这位基层售后，你的故事也就发生了变化，变成了一个以对方的能力或权限无法解决的问题；这样你就可以咨询他，公司里谁能解决这个问题啊，并顺理成章地请他帮你转接销售总监 C，或给你总监 C 的联系方法。然后你就可以联系 C，并告诉 C 你真实的来意。如果 C 没有跳槽的意愿，你仍可以再次联系那位售后，抛出新的问题，找到新的借口，嘴巴甜一些，求他多介绍几位别的总监。

总之你要有信心，前台、售后和总监都忙得很，很难为这点小事串供而使你穿帮；即使穿帮，也不过就是尴尬。当然，对常人而言，这样自下而上顺藤摸瓜的方法操作难度很大。一则你必须做好充分研究，透彻熟悉产品和公司的一切，甚至包括其竞品和竞争对手；二则你要有麦克阿瑟那样高超的表演天赋，像我这样实诚耿直的人肯定一句话还没说完就被人家识破。

举一反三，公司每种职位上的人都有相对应的外部利益相关方，这就是资深猎头惯于扮演的角色。如果目标人是高层，猎头会伪装成格调高的峰会论坛邀请方；目标人是中低层，猎头就要扮演行业期刊发行人；目标人是销售运营职能，猎头就扮作下游客户；目标人是采购或后勤，猎头就假扮上游供应商；目标人是市场营销，猎头就伪装成公关公司。……猎头成败的关键，就是能否不露破绽，假戏真做。还有更狠的猎头，她会直接应聘为目标公司的前台，拿到对方的通讯录就辞职走掉，这样极端的人物可能算得上商业间谍了，男同学估计是没这本事的。类似的，还有猎头会到目标公司开会、拓展、团建活动的酒店，度假村等场合，以极小的代价获得公司签到表，这也是个一网打尽的黑招，值得各位老板防范。

猎头获取人脉的手段奇招迭出，他们“死磕”般的执行力也非常令人佩服。不过话说回来，尽管执行力确实是人脉神探的核心能力，但如果你能够灵活敏锐地使用互联网工具，像传统猎头这样的正面强攻则大可不必，因为性价比真的有点低啊。

6. 当心“被社 Gong”

上一节的“狠猎头”案例让我们意识到：不仅掌握快速找到他人的方法技巧很有必要；了解某些可能不怀好意的找人方式也相当重要，这样可以避免被不合适的人找到，蒙受本不该有的损失。形象地说：就是我们应当一手持矛，一手持盾。

撰写本节之前，恰好我在美国处理一件棘手的事。事毕后，我从洛杉矶经由萨克拉门托、阿拉斯加、白令海、堪察加半岛、鄂赫次克海、库页岛、和黑吉辽三省的路线飞回北京，13 个小时的飞行，不仅腿肿了，连脸都水肿了——虽然不知道为什么会脸肿。

这让我想起几年前频繁来往于中美之间时最为艰苦的一次跨洋飞行。那时我从更遥远的底特律飞回北京，路线是往“上”，也就是一路越过辽阔的加拿大、横跨茫茫北冰洋，从俄罗斯的西伯利亚进入亚洲大陆，再穿过荒凉的蒙古国回到中国。最为艰苦不在于北冰洋给人的感觉比太平洋更孤寂更神秘，而是我当时正来例假。也就是说，我揣着一肚子血，在狭窄的座位上挺了15个小时。

为啥我不能换个时间飞呢？搞得如此惨无人道是我喜欢自虐吗？显然不是。只因为微软中国让我进了面试的集体名单，一声通知我就翘了2天金贵的课程赶回来了。作为纯正的互联网人，我不是那么喜欢微软；但当时世界金融危机仍然严重，我们中国MBA学生的就业前景无比黯淡。人人身负80万元以上的学生贷款，在我们眼中，每个大公司伸过来的橄榄枝都像救命稻草般宝贵。

在望京的利星行中心，来不及吃早饭，也仍然揣着一肚子血的我面试得还算顺利，一路过关斩将。上午的流程都结束了，最后那位面试官姐姐当场表示她会给我一个强力的推荐。随后大家来到大厅参加午宴冷餐，虽说是冷餐，但我看见了久违的烤鸭，因失血而苍白憔悴的脸上终于浮现出食指大动的玫瑰色。

正当我身心松弛大快朵颐之时，一位便装男士端着酒杯过来与我攀谈，说是听说面试官姐姐向部门老大推荐了我，那意思是我被录用的机会很大，所以他来跟我聊聊业务情况。这位先生平易近人，笑容温暖，我便愉快地边吃边聊；在不经意间，他还问起我的职业理想和人生观，我也就像他那样友好放松地回答了。午宴结束后大家参加下午的活动，晚上回到宾馆；然后我接到通知，我，被淘汰了。

肚子里仍然有血，胸腔和喉咙里似乎也有了。我百思不得其解，便给面试官姐姐发了一封邮件，最后得知那位先生竟然是微软大中华区总经理，面试官上级的上级。说好的霸道总裁范儿呢？我的业务能力已经过关，三观也很正，他对我究竟有啥不满？姐姐再次回信，委婉地告诉我说，总经理觉得我太理想主义了，还不够成为微软需要的商业精英。好吧，算你赢。

虽然说所有专业的学生都会屡被教导求职面试时要表现出真实的自己；但是商学院的我们心知肚明面具必须戴，技巧不可弃，因为未来商场如战场，处处在博弈，如果商人像三体人那样思想透明化，所言即所想，这个人群也就不存在了。

可是我把面具弄丢了，富有职业素养的“必要”伪装不复存在。烤鸭使我放松，给了总经理乘虚而入的机会。他气场内敛地扮作一般人，循循善诱地挖出我埋藏心底的纯真，用它来证明我还不适合尔虞我诈的商界。我一遍又一遍回想当时的场景，从而一遍又一遍地确认了，总经理是有意挑选了我以为万事大吉，然后全身心都被烤鸭征服的不设防时机。

多年之后，我接触到一个叫做“社会工程学”的边缘学科，虽然它是世界第一黑客凯文·米特尼克发明的，但计算机技术并非必要的组成部分。维基百科对社会工程学的定义是：“综合利用各种社会科学尤其是心理学、语言学、欺诈学等进行表演，有效地击破人性的弱点，最终获得某些原本不容易获得的信息。”

看来，那年我十分有幸，被总经理运用社会工程学攻击而且击倒了；他如愿以偿地找到了他想要认识的那个，被强烈的求职意愿或者说求生欲望隐藏起来的诸葛思远“真我”。

是的，从商业人才的招募到商业机密的挖掘，社会工程学技能蕴含着可能满足这些高价值、高难度商业信息需求的终极奥义。但是，非老江湖不能为之，老江湖也非人人都能为之。至少我就是那种三言两语就能被人识破的类型；被识破，我就会尴尬到不行，严重时丧失我的信誉。但我本人是底线很高的人，怎么着后果也不会特别糟糕。而那些沉迷社会工程学并以此谋财害命的人，典型的譬如电信诈骗集团，就可能会走上人民的审判席了。

在以上的亲身经历中，总经理是职场老江湖，而我只是被面试的人，和他相比连职场基层都算不上。虽然社会工程学是玩转职场人脉的高阶武器，但其实经常被用于降维打击我们这些基层小白。一个公司的围墙出现破洞，往往来自于被击中还尚不自知的基层员工。

TMT 圈里流传着这样一件真事：2011 年 1 月的某天下午，一通陌生电话打到某著名团购网站的前台，带去了令人开心的消息：一家新开张的礼品公司，希望该团购网的全体员工试吃它的高级巧克力产品；不过免费巧克力需要凭一条内含电子券的手机短信获取，因此它需要得到该团购网的员工通讯录。前台小姐没有多想就表示很乐意帮这个忙。几分钟后，拨打这通电话的人便轻松得到了该团购网绝大部分员工的手机号码。不久，闻讯感到事有蹊跷的 CEO 试着回拨了该号码，结果令他非常震惊，因为这根本不是什么礼品公司，而是某个人力资源公司的电话。

业界广为人知的是，这家人力资源公司受雇于正在进军中国的世界最大团购网站 Groupon，而 Groupon 可以说是全中国团购公司最大的外部威胁。然而，这名贪功又贪吃的前台小姐，竟然将全公司的通讯录拱手奉送给这个巨型对手。有了这份通讯录，中国最优秀的本土团购从业人群就几乎尽收眼底了。财大气粗的 Groupon 今后想要挖谁，不就只是高官厚禄、比拼优厚条件的问题吗？

这也是一次典型的社会工程学攻击：攻方隐匿了自己的真实身份和真实需求，创造了看似合理的理由获取了对方发自本能的信任，并利用这份信任得到了它所需要的精准人才信息，这是商业信息中价值极高、重要性极大的一种类型。

当我们谈到商业信息泄露这个问题的时候，很多人都认为只有两种可能：一是竞争对手通过网络非法入侵、市场情报搜集、商业信息买卖等有意识的获取；二是企业本身无意识地泄露，包括企业广告、企业间技术人员交流、公开会议新产品发布、记者招待会等等，但在这里我们必须明确地指出：一个企业当中最容易泄露商业信息的，往往是那些被认为最不可能泄露信息的人群——企业的基层员工，比如负责处理客户来电的前台，负责销售产品的一线人员，负责高层管理，负责接送领导的司机等等。

但是只要细细思考就可以知道，虽然他们通常接触不到机密数据，但是前台可能拥有重要负责人的通讯录，销售可能掌握产品较为深度的资料，就算是司机也会知道总裁的具体行程。这些基层员工们往往没有受过信息安全培训，在社会工程师的花言巧语心理暗示下处于不设防状态，不知不觉中就透露了指向关键商业机密的线索信息。而在一些极端的情况下，社会工程师也能精心设局，直接获取能够决定公司生死的、价值连城的商业机密本身。

当然，学科总是中性的，正如菜刀并不自带杀人属性；所以说，社会工程学本身并不邪恶，关键在于运用者的目的和道德。而对于我们这些并不具备表演天赋的普通人，了解社会工程学的意义在于防范他人，在我们不愿或不应该被他找到之时，找到我们。

第3章 找人手到擒来，结识稳操胜券

——接触、吸引、打动、悦服：与人沟通的正确姿势

Chapter 3

换位思考、价值交换是其一，地位姿态尽量对等是其二，对目标人脉了解充分是其三，最后一点是篇幅适中。

（一）陌生拜访的“黄金四法则”

在上文中，我们几乎穷尽了找到目标人的合理方法；但是“找到”联系方式并不等于你就获取了人脉。因为人脉是眼下或者未来有用的人际关系，所以拥有人脉自然离不开姿势正确的沟通和结交。在我们的日常生活中，很多人确实成功找到了目标人，但仍然获取不了这条人脉。

获取不了的原因大致是两种：第一，觉得目标人高高在上不会理我。很多人就是因为有这重心理障碍而不去和目标人沟通，那么自然也就结识不了他了。不理的情况当然存在，要么这人性格超级古怪，这确实没办法，但是撞上的概率特别小；要么你说的事人家客观上实在不需要或不感兴趣，这说明你没找对人。我们不能因为这两种情况的存在而驻足不前。第二，陌生拜访的姿势错了，虽然你的事情对路子并且够分量，但是表达方式有问题，给对方造成了误解；严重的时候，连带这段人际关系都会被破坏，潜在的人脉也会随之报废。这种情况则是完全可以避免的。

在过去的许多年中，我因工作或兴趣需要拜访过很多陌生人，报纸上认识的也好，著作里认识的也好，电视剧电影里认识的也好，不管他名声多大身价多高吧，不回应我的真是寥寥无几。除了“任何人都是普通人，大神也是普通人，也讲道理”这个客观因素，我所遵循的陌生拜访“黄金四法则”——价值交换、身份对等、充分了解和篇幅恰当，应该起了决定性的作用。

世上没有无缘无故的爱，也没有无缘无故的反馈。

最早也是最经典的亲身经历来自案例“邀约姬十三”。

2015年8月的某天，我的老板突然对新生的互联网智库“在行”发生了兴趣，要我把创始人姬十三约来谈谈。尽管老板是个坚持谈完才知道能谈出点什么的人，我还是无法拒绝他的要求。但这就为我通过“在行”的对外部门联系姬十三增添了难度，因为我说不清楚具体要谈点什么：是采访，还是合作？我不能跟人家说：我老板想跟你老板谈，谈什么我也说不准。

虽然暗中长叹息，但内心还是挺笃定，因为感觉自己认识他都快 10 年了，很熟悉；虽然仔细想想其实人家根本就不认识我。熟归熟，我还是本能地掘地三尺，把他的百科新闻访谈视频之类翻出来通看了一遍，竟然小有发现：譬如，姬十三居然不是真名，和新华社科普科幻口唯一的记者小姬女士肯定不是亲戚关系，等等。

既然是文化产业界名人，想都不想就从新浪微博查到姬十三的账号，百万粉丝，帖子日更。这样就好办了，我随手拟就一段既热烈又克制，既威武又恭敬的文字，通过微博的私信发过去。

我说："嵇先生，您好。我叫 ××× ，因 1994 年就进入了科幻圈，所以认识您已逾 10 年。但由于并无重要的事，因此从未打扰过您。现在我老板 BS 唐先生，FDA 基金的创始合伙人，同时也是 1999 年阿里集团的首轮机构投资人，他觉得在行非常有意义，所以希望和您探讨一下未来是否能有合作或投资的可能性。唐先生的简介在（百度百科短链接）。不知您最近是否方便抽时间出来，大家见面认识，探讨一二？"发出去后不免有点忐忑，怕人家不理我破坏他在我心目中的形象。

结果只忐忑了半小时，姬十三就回了信，两句话简洁又爽朗：第一句“我们去微信上聊吧”，第二句“我的微信号是jssan”。

下一秒我就把他和老板拉到群里。之后的交流也很愉快，情商超高、特别能为他人着想的姬十三在我心目中的形象升华成了男神。

事后，姬十三答员工问：为什么爽快回应陌生人诸葛思远的邀约，为什么不假思索地认可和信任了诸葛思远这个不加V、头像也不靠谱的微博ID，原因无外乎“内容吸引我，文字吸引我”——这是姬十三的原话。

日月如梭。后来我也成了“在行”平台的专家。由于话题热门、营销得法，以及无法否认的运气，意外地迎来了接单量的暴增。

某日我接待了一位学员，他说以前是姬十三的同事。于是我顺便问了句：“在生活中，嵇先生是个怎样的人呢？”“文人般的高冷。”他不假思索地回答。“什么？难道并不温柔慈祥？”对比太强烈了，以至于我大吃一惊。直到在群里，我亲眼看到姬十三说他会拒绝大多数即使见过一面的微信加友请求，才意识到他如此主动地给我微信号是个多么不同寻常的殊荣。于是我苦苦反思，绞尽脑汁，终于总结出了与陌生大 V 沟通、结识的“黄金四法则”；其实不是大 V 也适用，重点在于：事前他根本不知道有你这么个人存在。

1. 价值交换：让人愿意回应

其一是换位思考。你必须第一时间把这件事以“对他有什么价值或机会”的面貌呈现出来，这样才对得起他用来回应你的精力和时间。不要让对方突然看到一个陌生人蹦出来单方面有求于他，那样人家的本能反应是：“这跟我有什么关系？”无论他是什么人品或性格。不要觉得别人没有雷锋精神。换位想一想，你自己有没有大把精力和时间来对陌生人有求必应。

在姬十三的案例中，我的老板不仅是帝国理工和牛津大学的校友，而且拥有丰富的海内外生活经历、辉煌的职业轨迹和众多精彩投资案例，但我只选两点让姬十三知晓：一是老板职业生涯的最高峰——FDA 创始合伙人，创投圈的人几乎都知道 FDA 是世界最大共同基金的东亚风险投资部；二是老板职业成就的最高峰——作为机构投资人第一轮投过马云，这是多么的出类拔萃。然后我再用相应的百度百科条目内容加以佐证，其他的则统统略去不说。陌生拜访时，对方的注意力是相当宝贵不容分散的。

在我看来，尽管姬十三是身价已经上亿的明星创业者，但只要还是创业者，他对投资人就会永远有需求，永远兴味盎然，更何况是投过马云第一轮的神话级人物。被这种投资人注目、欣赏、邀约，对于年轻创业者已然是一种荣誉，无论最后能不能被投。

是的，我对别人有诉求就必须能够吸引他：咱们结识，价值交换，可能双赢，岂不好吗？但我不止一次碰到过别人的无语诉求，套路大体如下：我初出校门，学业普通、特长欠佳、一无所有，主要是不想努力，怎样才能找到贵人可以提携我，让我走捷径抄小路？——那么请给我一个天降“贵人”提携你的理由。

经典电影《一曲难忘》中，乔治·桑指责肖邦去为波兰革命者筹措粮饷不惜伤害自己的健康，她说自己身处男权社会而奋斗成文豪，受尽艰辛而无人援手。那么如今别人请求自己帮忙，也必须给以充足的理由。

尽管肖邦的爱国情怀值得景仰，乔治·桑的冷酷原则却也无可辩驳。仔细想想吧：每个有成就、有地位的人都历经艰苦奋斗，虽说程度不等但他为此耗费了更多生命，他的时间只会比咱们这种新手更短也更少，从而其单位时间的价值当然也更高。那么，要他耗费宝贵余生的精力来提携别人，理由是什么？用什么来补偿？不好意思我是天秤座，对公平和守恒有一种变态的执着。

人脉的基础，终究还是价值交换，无论你的价值是现货还是期货。无论眼下交换还是未来补偿，你都要有心理准备。

如果对方对你说的事情实在不感兴趣或不需要，那么只剩一种情况仍能保证他给予你良性反馈，那就是他从字里行间感受到你个人素质高，认为不妨多一个你这样的朋友。语言文字是思维的载体甚至思维的外化，行文的准确和洗练程度可以反映出作者的思维素质和作者的头脑。姬十三的下属说，作为一位博士，十三非常看重行文本身，我猜一定就有这个因素。这也是为什么就算我的微博头像相当离谱他也不假思索选择相信我。

所以说，收获中咖大V人脉的途径，只有价值交换。而价值交换分成两种：一种是你的事对他近期有价值，行文时你要表达出来；另一种是你这人对他未来有价值，行文中你要表现出来。但在现实中，许多陌拜者一上来就洋洋洒洒，天马行空；看似热情洋溢，实则不知所云，把上述两种价值同时破坏掉了尚且不自知也。

2. 身份对等：仰望毫无意义

换位思考、价值交换是其一，地位姿态尽量对等则是其二。如果国家元首造访别国首都，主人派出个市长前去接待就会酿成外交事故，至少生意是谈不成了。有位不曾谋面的前同事为写他的新书说要采访我，却派了两个语无伦次、口音歪斜的小助理过来干活，后果相当严重。

简言之，对己方的描述不要让对方觉得双方身份差距过大，毕竟身处儒家文化的国家人的阶层意识很难根除。追根溯源，是因为两千多年前，主张平等的墨家输给了主张不平等的儒家。

当年齐景公问政于孔子，孔子对曰："君君、臣臣、父父、子子"。到了西汉，董仲舒又发挥性地提出"君为臣纲，父为子纲，夫为妻纲"的"三纲"思想。当儒家逐渐成为占据统治地位的传统思想之后，阶层意识也就深入民心，深入了历代中国人的潜意识。

直到今天，在很多场合中，双方差距过大是很难开启对话的；甚至在一些更为传统的地区和更为老派的机构里，双方级别只差半级也会导致级别高的一方拂袖而去。这种现象在儒家传统保留得更多的日本、韩国更为严重，而在西方发达国家就非常罕见。甚至人死后也是如此。在美国阿灵顿公墓，士兵和将军的墓葬全部混排在一起，墓碑也没有豪华和简陋之分，这种景象和中国的许多公墓园区大相径庭。

好在随着商业文明的发展，总体而言这种等级意识也在渐渐淡化。像我们在腾讯，有事随时在线联系马化腾，直接称他为Pony；他若觉得有必要回应，就回，但无论如何不会不爽，不会觉得员工们此举僭越。其他领导也是一样。当然，你会说像马化腾这样平易近人的大咖毕竟很少，多数时候我们不免自感是小角色，在要找的人面前脸红心跳，自感矮了20公分以上，无法形成有效威慑态势，怎么办?

——须知一个人是多面而立体的，因此构成他的元素应该是多方面的。年龄、职位远不足以代表一个人。当这两样东西说服力不足时，就要果断拿出上司、老板、前辈、学长、平台、资源等元素为我们背书增信，把己方描述得更体面。试想，一个太监算什么，尤其某些朝代的文盲太监；但如果太监对大将传皇帝的口谕，用“朕”这个第一人称训话，大将再厉害，此刻也只能趴着听。我的学员小宋陌拜访爱奇艺 CEO 龚宇时，压根就没怎么介绍自己，全程狂秀自家母公司——中央人民广播电台的内容和用户资源。大咖如龚宇，也立马被这些国家级资源吸引住了，马上回私信求取小宋的联系电话。

实操中要注意的是：这站台的必须得对人家有些影响力，你不能抓一个你很崇拜但对方压根儿没听说过的。大多数人类的认知范围其实比你认为的窄很多。有时你搬了个救兵以为可以瞬间令他折服，其实对方一脸茫然。我的朋友小杨为了推销自己的课程，请来五六个非著名企业的非著名高管为自己写推荐语，占据了大半个页面。我看完长叹一声说：“这样非但不能帮你增信，反而让人觉得你不自信。”

如果很不幸你的上司、老板、前辈、学长、父亲、娘亲、七大姑八大姨都没有可以唤起目标人注意的，而你的事情又十万火急，这时不妨去研究对方在社交网络上的朋友圈子，找到那种可以确定是朋友关系，同时又比较繁忙的，就跟目标人说你是他这位朋友介绍来的。

反正这二位都挺忙，目标人一般不会去问这朋友：哥们，某某是不是你介绍来的？就算问了，他也不一定记得自己是不是介绍过，毕竟日理万机，见的人也挺多，而且你又没有说是最近几天介绍的。目标人何必浪费精力去求证呢？人类本能一般是追求经济省力的。他直接回应，看你的事儿靠不靠谱不就得了。如果靠谱，不是他朋友介绍的也无所谓；如果不靠谱，谁介绍也白搭。但对于你来说，至少你的目标人有了反馈，而且正准备着倾听你的诉求！

地位上尽量对等了，沟通姿态也得对等。你采取低到尘埃里的姿态，其实并不利于双方的顺畅沟通。《李翔商业内参》的主笔李翔就有过淳朴的总结：对付巨头的唯一要点，是“把他们当普通人”。换言之，你可以谦虚，但绝不能谦卑。知名社会学家刘瑜就说过：“人之初，性本贱，高贵的是少数。”这是普通人性的底色，和个人的人品道德无关。

我有一位朋友，位居中型公司首席运营官，年龄偏大，事业有成。但当他需要联系合作公司某年轻基层员工时，他采取了拼命发短信，详细自我介绍的方式，身段放得不能再低，态度可谓极尽热忱。但对方反而保持沉默，始终不回应——就是不回，你咬我呀。我觉得是这位朋友上赶着的姿态助长了对方的小傲娇。这跟谈恋爱有些相似：谁过分地主动，谁就一定居于劣势。

所以说，不管是和咖位多大的人物沟通，仰望的姿态不说一定有害无益，起码毫无意义。并不是李翔、刘瑜或者别的谁，而是中学时一次刻骨铭心的经历让我醍醐灌顶。

那年世界科幻年会第一次在中国举行，美俄两国的许多科幻泰斗和宇航先驱都应邀来到成都月亮湾，记得其中包括阿列克赛·列昂诺夫将军，他进行过人类史上首次太空行走。

嘉宾们的分量足以撬动整个地球，这让参会的中国学生激动万分，只要见到老外走出会场，就把人家重重包围，索要签名的胳臂有如小树林般高高举起，哪怕那老外根本不是大师而只是给大师拎包的。有个白人小伙被重重围困时，那又惊又喜又惶恐的表情我至今记忆犹新。

夜幕降临，贵客们来到音乐广场参观表演，这时我看到大学生志愿者们全部蹲在椅子旁边当翻译，端坐椅上的大师们不时向侧面低头和他们说话。看到这一幕我似乎被雷劈到。普通人没什么成就，连对话都只能蹲在旁边；客观上这未尝不是自取其辱，虽然大人物完全没有侮辱他们的意思。是的，即便他们两两之间凑得如此之近，看上去如此亲密，大师和学生们本质上还是没有任何关系的，不会因为大师跟学生签了名、合了影、交流了观点，他们的人生就拉近了距离，他的功业就为他增添了荣誉。

默默地，我把我的签名本压在了箱底。从那之后我就再也没要过谁的签名，再也不当谁的粉丝，更不与名人合影。我觉得：没有相应的成就，我何以和大咖做朋友，大咖又因何与我做朋友？难道签名合影可以换来友谊？而如果彼此分量相称，做朋友也就是一个微笑、一句寒暄、一次握手，自然而然的事，更不用索取签名合影甚至蹲在旁边。切记，在任何场景下跟任何人打交道，都不要激情仰望、真心崇拜，那毫无意义。要么以对等的姿态打交道，要么根本不要打交道。

3. 充分了解：让他知道你懂

换位思考、价值交换是其一；地位姿态尽量对等是其二；尽你所能，充分了解目标人脉则是其三，它的重要性怎么强调都不为过。

尽管我认识姬十三已经十年，但对话之前还是把他的公开资料又翻出来捋了一遍。虽说不至于音容笑貌历历在目，但做到人物画像心中有数，还是比无的放矢强太多。

譬如说我发现原来他的真姓是“禾”旁的“嵇”，不是“女”旁的“姬”，那我私信中就以真姓相称呼，人家一看很好你做了功课，真爱才会做功课。做功课表明你很郑重，郑重代表着尊重。

又譬如虽然是陈年往事，我也可以用彼此都熟悉的科幻话题来破冰，迅速拉近双方的心理距离。虽然你是帝都有名的老总而我是来历不明的雇工，但咱俩也是混过同一个圈子的小伙伴，不完全是正经八百的商务关系：这样，他潜意识里我这人就没那么陌生，我去招呼他就没那么唐突。也许你会问我何以上来就向做科普的姬十三提到科幻圈，很简单，还是多研究、多了解嘛。

最后我还注意到他是浙江人。江浙沪人民普遍理性务实高智商，一直是我崇拜的对象；跟他们说话我一向开门见山从不绕圈。这样做，他也会暗暗嘉许我这清楚、明白的表达，仿佛来了个同类，同类自然好说话。

姓名、兴趣这些容易理解，但多数人很难注意到中国人交流方式的地域性差异。有位雷先生就跟我吐槽，控诉姬十三死活不理他。我不解，但他强调说真的找了很多次，姬十三不可能没看到。

雷先生是做培训销售的，性格热情豪爽，文风体贴甜蜜，最爱说“我超级崇拜你呀”“认识您是我三生有幸呀”“对您的佩服滔滔不绝、五体投地”。这画风让人有点不知所措、汗不敢出。一天他托我帮忙，更说出了让我黑线满头的请求。他突兀地说：“就像您帮您弟弟联系几万名教授那样，现在，您就当帮您哥哥我，去拿一些企业家通讯录吧。”正无语，雷先生又蹦出一句：“丫头！世界是属于你们的！”要不是在微信的另一端，简直就像马上要来给我一个拥抱。说实话，南方人普遍不习惯随意突破人际交往的界限。浙江人的姬十三就更加无法消受这种花式套近乎的铺垫。

还有一次，我在朋友圈推荐 PPT 大师向大哥的微课，随后就有朋友前来告状。根据告状截图，她去报名缴费后，使用站内信兴冲冲地问候向大哥说：“亲，约吗？”大哥沉吟三十个钟头，没动静。

朋友很郁闷，抱怨道：“等得花儿都谢了……”不料向大哥怒而秒拒，理由是“不好好说话，不伺候了！”朋友一头雾水，深感委屈。我对这位朋友说，第一次跟人沟通，不要那么粗线条。不熟的人我不会叫她“亲”，不熟的异性叫我“亲”我也会勃然大怒。

从以上几则案例，我们应当汲取的教训是，说话、沟通，千万别只顾着自己爽，一定要看对象。对于理性、冷静、务实的人，就别一味往上扑，后退半步，克制的态度才是真正的尊重。

而对于感性、热烈、务虚的人，就要适当地投其所好，探明初步的默契点再说。无论对待哪种人，初次沟通都不要随心所欲、热情过度。保守、谨慎，虽然缺乏个性，但至少不会出错。而玩个性，则非常容易玩脱了还不知道怎么死的。

进一步，如果要联系思想家，像作家、教授，以及某些爱布道的企业家，切不可盲目膜拜或班门弄斧，而是要指出对其具体作品中具体细节的具体理解。一句话就是：你懂他。

学生时代，我就是这样同科幻泰斗王晋康老师建立起忘年之交的。论年龄，他比我爸还要大 10 岁；论经历，他是老知青出身的石油工程师；论风格，他苍凉沉郁、哲思深邃。无论哪个方面，和他相比我啥都不是。

但当时，无知无畏的我针对他处女作里的某处细节表达了我的感受和理解。不料很快他就快乐地回信说："我确实要表达这样的含义！那么多读者当中，也只有你一个人看出来了。可以把我所有的作品都点评一下吗？不用长篇大论，想到什么说什么。"尽管他的作品共有几百万字，但我真的一一加以评点，用实际行动向我衷心钦佩的作家证明了我是他的知音。

即便没有创业者或思想家的分量，多了解也绝对有好处。基金经理小杨想和潜在客户沟通，她有对方的微信号，却觉得彼此之间太过陌生，不便贸然申请加友。她对我说："毕竟信任得通过多次互动才能建立，多了解对方至少能保证不会说出煞风景的话吧。现在大家都这么忙，可能一两次误会就不好再联系了。"小杨的做法是通过微信号拼音拼出了几个汉字网名，用百度分别搜索，就找到了对方的大众点评账号；发现对方是个资深吃货，在点评上十分活跃，就用美食话题给他留言，很快与那人互动起来。短短几天，就成了趣味相投的朋友。对方觉得小杨很懂他。

最后要提醒的是：懂他，并不代表要去挖掘他的隐私。过犹不及，教训沉痛。我同学代表世界五百强企业 John Deere 去招聘，而一位应聘者非常合格。但这哥们因为太过急于进入 John Deere，竟表现出他比面试官的妈妈还要了解面试官，手中掌握着我同学祖宗十八代的 360 度信息。其实他的本意不过是想炫耀一下智商，但被吓坏的面试官当即就找了个莫须有的罪名就把他给拒了，70 万年薪的 offer 不翼而飞。马克·吐温曾经说：人人都像月球一样，有着永远不愿为外界知道的背阴面。从这个案例中我们应当汲取血的教训。

4. 言简意赅：方便自己请先方便对方

换位思考、价值交换是其一，地位姿态尽量对等是其二，对目标人脉了解充分是其三，最后一点是篇幅适中。初次联系，150 字左右比较合适。我们应该避免两种情况，即：篇幅过短或过长。

惜字如金的情况大家都很熟悉。随便来句——“你好，在吗？”“你好，现在方便吗？”挤牙膏一样坐等别人反应后再说下一句，很可能永远也等不到回音。

去年有位前同事先问我，在吗？我说在。十分钟后又问：在干嘛？我说在玩。二十分钟后再问：有时间吗？我说兄弟啊有事尽管讲。结果过了半小时他回答说：我没什么事，就是觉得很久没联系你了。把我气得当场抓狂。从此以后无论是谁问我在吗又不说事，我的回答就是朕不在。

如果是初次招呼，最好不要直接来条微信语音。按照认知科学原理，人若收到外有包裹含义不明的信息，大脑的本能反应就是焦灼。通俗地说：你看到微信上对方的语音图标和时长，却不知道这条语音包含了什么信息，必须点开听到才能知道；那么在你清楚地听到并理解它之前，你的大脑会不耐烦。

此外，给生人发语音也是不妥的。首先，你们的关系还不熟，不可以那么亲近；其次，别人可能身处嘈杂环境不方便听；再者，语音承载非结构化内容，理解起来更费劲；最后，发语音明摆着是要方便自己、麻烦对方，会被视为没有礼貌，甚至轻视对方的恶劣行为。

因此，无论你拿到的是微信，还是手机号，请尽量优先发送文字，因为这才是麻烦自己、方便对方，含有致敬的意味，也体现你的修养。拿到手机号直接打电话更是大忌，不仅明摆着“我懒得管你是否正在开会、开车、开派对，而且很有直接入侵他人私人空间的意味。

很多朋友都有一种思维定势，认为向目标人传递某个信息，如果发文字，人家很可能不看；但如果打手机，人家就一定得听。我很想问问为什么，是因为你的声音甜美磁性，还是你相信说比写表达得更清晰？

实际情况恐怕正好相反：大部分人是视觉动物，只有少数人是听觉型的。你发文字人家一定会先看了再说，至少扫一眼，了解个大概；但是你打手机，人家为什么一定会听？99% 的陌生来电我都不接或直接挂断，还有 1% 我会在 2 秒内挂断，相信极少有人能在 2 秒内展示出事情的亮点。而且我最关心的根本不是你说了什么，而是我的手机号码你是怎么得到的，嗯？

另一方面，接二连三对人进行信息轰炸显得更为可恶。我有位学员老谢，中学语文老师，为了让我给他插队开小灶，连发 6 段每段长达 500 字的微信，不断地同义反复他的出生年代、家庭情况、社会责任感、前半辈子的奋斗、后半辈子的理想，结论是所以我该照顾他，为他完成任务 12345。当时正值国庆，我在海外旅游，7 天奔袭 7 个城市，作为晕车重度患者，时刻处于呕吐的边缘，看到这串信息炸弹接踵而至内心瞬间跑过上万匹南美神兽，最后我只能说“不约，叔叔，我们不约”。

谢先生错就错在用力过猛，导致明明已经成功的预约都被毁掉了。因此，当你寻求沟通时，请摆正姿态，相信对方，也相信自己，尽可能别给人家写一堆。无论你对他有多熟悉或多期待，在他看来你只是个陌生人。如果陌生诉求他 20 秒钟不能一眼扫完全部吸收，自然就会产生心理压力和心理反弹，然后你们就没戏了。

所以，就 150 字，就发一遍。集中表达一个诉求而不是同时表达 5678 个，如果必须表达多个诉求就请把段落分开。内容包含 5 点：你是谁，有什么事，为什么找他，对他有什么价值，需要他当下做什么（即便只是表个态）；清晰、明确、具体而不泥于细节，方便他作出一个最初步的判断，也让他感受到你在好意帮他节约时间。如果一周内没回音，那么最多再发一次；因为只要渠道正确，“他太忙了没看到”多半是我们给自己的心理安慰。

听科尔尼的高层说过：在国际顶级咨询公司，一页 PPT 所呈现的信息，必须达到即使作者不讲，而读者看后，17 到 20 秒钟内全部理解的标准。正常人的注意力集中一次只能持续 20 秒，没法更多。像我这种 200 秒钟都让人看不明白的，直接炒鱿鱼。

综合以上，价值交换、身份对等、充分了解和篇幅恰当，就是我们搭建沟通桥梁时，不犯错误，规避掉系统性风险的“黄金四法则”。

在我看来，商业问题没有外交问题复杂，巧舌如簧能够争取的空间不大。在不犯错误、表达清楚的前提下，对方是否回应最终取决于事情本身是否吸引他。如果不回应，就等于是说：我不需要，或我没兴趣；那就不要霸王硬上弓，硬上弓也没有用。

（二）赢得贵人的“黄金四步走”

找到了人脉，如何能让优质的人脉，或者说，我的贵人，为我所用呢？请注意，这里的贵人不是指巨贾高官、富豪权贵，而是所有能给我们提供重要帮助的人。

我认为需要分成四步来走：第一，让贵人接触到你；第二，让贵人注意到你；第三，让贵人认可了你；最后，让贵人来帮助你。

1. 把控结构洞，贵人多接触

首先，让贵人接触到你。当然，这跟让你接触到贵人是同一个意思，毕竟，接触是相互的。

在贵人帮助到你，或者说，你俩在具体事件上交换过意见之前，你怎么知道他是不是你的贵人呢？不是说他优秀、社会贡献大，他就能被视作我的贵人。一些人距离我太远，即便他优秀得跟神一样，比如乔布斯，他也成不了我的贵人我的人脉。所以说，你只能把“贵人”视为人群中的一种概率，你接触到的人群规模越大、同质化程度越小、平均质量越高，那么从中你收获贵人的概率也会越高。

为了接触更多可能的贵人，首先，我们要尽力提高自己的素质，通俗地说就是人以群分，这样才有资格混进所谓高大上的圈子；其次，要有囤积联系方式的意识和寻找沟通渠道的技法，这个方面前面足足讲了 5 节课，再不赘述；第三，还须从思想上充分认识到弱关系比强关系重要，弱关系能为你带来更多原有生活圈之外的信息，里面酝酿着机会和价值：这些弱关系自然就是你的贵人。简言之，一个人弱关系多的话，贵人可能也更多。

但是弱关系多了，那些最后证明是冗余的人际关系也会增长，我们人脉网络的运行效率和人脉投资回报率也就降低了：假设我们每月能够新增 30 条亲朋好友、同学同事之外的弱关系。如果他们大部分都混一样的圈子，那么可能只有 5 个人能给你带来机会和价值，是你的贵人，另外25人可能给你带来的机会和价值就和前面是一样的了；但如果他们每个人所在的圈子都没什么重叠度，那么可能会有15、20个你未来的贵人“潜伏”在这30人之中。在这两种情况下，我们开拓和囤积这30条弱关系所花费的成本可能相差无几，但接触到我们的贵人却有数倍之差距。

那么如何维持成本不变，尽量让更多有价值的人脉或者说“贵人”接触到我们？这就涉及到“弱关系”的延伸概念——“结构洞”，它是社交网络中极为关键的位置。假设你和另一个人新产生了联系，但你和他各自的社会关系都没有丝毫重叠，或者说你们原本没有共同认识的人；那么结构洞就产生了。你占据着你原有的社会关系中任何一个人和他之间的结构洞，他也占据着他原有的社会关系中任何一个人和你之间的结构洞。你的熟人想要联系上他，必须通过你；反之也一样。

结构洞的特殊性形象地体现在那个流传甚广的段子里：普通青年杰米在聚会上和比尔·盖茨说，我想为你女儿介绍一个好丈夫。比尔·盖茨理所当然的反对，但杰米说，我介绍的这位青年可是世界银行副总裁！于是盖茨不再反对。后来青年又去见了世界银行的总裁，向他推荐副总的人选；当总裁拒绝的时候，他说，我介绍的人可是比尔·盖茨的女婿哦！总裁随之同意。当然，杰米推荐的人选就是他自己！最后杰米既当上了世界银行副总，又成了比尔·盖茨的女婿。

又比如：扎克刚刚买了一套房子，他尝试着向银行借贷付款。可是当地的四家银行都拒绝了他的请求。无奈之下，他亲自拜访各家银行行长，对他们说，如果对方愿意借贷 1/4 的款项，那么另外三家银行将愿意借贷剩余的 3/4 款项。最终当地的四家银行都答应了扎克的借贷请求。

这两个案例的共同点是，除了故事主角，相关各方都是背对背的；如果它们原本互相熟识，空手套白狼的机会就不会存在了。而故事主角就是相关各方之间的“结构洞”。

“结构洞”概念是美国芝加哥大学社会学家伯特首次提出的。他认为：关系的强弱只是影响人脉投资回报率的基础要素，关系的重复度则会更直接地决定人脉投资回报率的高低。人脉的投资回报率是这样计算的：开发、囤积、运营、维护人脉网络，都是人脉投资，而人脉网络带来的有价值的信息和机遇则是投资回报；前者越低后者越高，你的人脉投资回报率也就越高。

比起强关系亲友，生活圈子外的弱关系能够为你开辟新的世界、打开新的窗口，自然就比强关系的投资回报要丰厚。可是，如果弱关系们都是一个圈子中的人，互相比较熟，你从他们获得的信息就有雷同之虞了。投入量差不多，得到的信息却有很多冗余，这样算下来的人脉投资回报率也就谈不上多高。而如果你只开发和管理结构洞、纲举目张，就可以省下很多成本，同时又得到许多不重复的多元化新信息，潜在收益累加但不重叠：这样你的人脉网络运转起来便要高效得多，人脉投资回报率也因分母变小而大得多。

结构洞不仅可用于管理人脉网络并为之提效，也可让更多潜在贵人有接触到你的机会；正如前面段子中所体现的那样，它也能用于撮合套利，甚至还能让作为结构洞的你在竞争中获得信息控制优势。假设一个网络中有四个参与者 A、B、C、D，其中 B、C、D 之间彼此没有联系，而他们分别与 A 有联系，A 在网络中处于中心地位，另外三个参与者必须经过 A 才能彼此发生联系，因此 A 占据了三个结构洞：BC、BD 与 CD，从而获取了决定优先照顾哪一方的利益的权利，这就让占据了结构洞这个人脉高地的 A 获得了很大的变现空间，甚至可能是寻租的空间。

作为普通人我们不想寻租，放弃结构洞的信息控制权其实也有好处。结构洞的弊端在于节点们互不相识，也就无法互通信息。由于我们和每个节点都保持着脆弱的单线联系，那么一旦某条线断开，线条那头所连世界的信息就无法抵达我们了。但如果我们愿意有选择地放弃作为结构洞的身份和作为枢纽的信息控制权，主动介绍我们的人脉节点彼此认识、相互交流，那么即使一条线断开，通过其他节点以及节点和我们之间的连线，信息也可以迂回到达我们这里。

而且，各节点之间还可能碰撞出新的火花传到你这里来，为你提供额外新的可能性。这时，原本不足以对你有帮助的人，由于和别人交流创造了新的机会，便可能成为你的贵人！就像著名的梅特卡夫定律指出的那样：网络的价值与网络规模的平方成正比。所以，小肚鸡肠地保持自己的人脉节点之间互不相识是短视的做法，锲而不舍地创造机会推动他们彼此交友才够高明。

正是因为懂得这一点，很多人脉王都在不停地做着两件事：一方面开发新的结构洞，另一方面又消除旧的结构洞。我的前一任老板、马云的第一位机构投资人，就非常热衷此道，撮合强强联手。当然，他们会有意识地把握消长的节奏。这样锲而不舍常年坚持的结果，就是运转起了一个越来越高效的人脉网络，使越来越多潜在的贵人快速与他发生各种连接，从而进一步为贵人注意到他、帮助到他打下基础。

2. 推陈出新招，贵人易注意

第二，让贵人注意到你。毕竟，贵人自己接触的人也多，而且主要是弱关系。受制于“150 定律”，他不可能注意到所有人。已经接触到你却没能注意到你的情况很常见。

俗话说“你认识谁不重要，重要的是谁认识你”。当年张爱玲为了吸引眼球，经常奇装异服穿行在人群中。但只要不是网红人格，这招就难以复制。怎样做能够更高明还更轻松呢？逆向思维，以静制动——朋友李丹告诉过我她的经验。

由于工作需要，李丹常去参加行业大会，国家会议中心的规格，参会者动辄几百上千人，通常前面几排是嘉宾席，后面大部分是群众座位。与会公司的基层员工当然都会待在群众座位，一到休息时间总有陌生群众强行给你塞名片，还要和你交换。相信双方都更盼望和嘉宾席的大咖换名片，从而收获更高层次的人脉资源，但稍稍想一想又觉得尴尬和胆怯。行业大会大咖云集，原本它是拓展人脉的大好时机，但很多基层员工不能利用好机会，最后拿回一堆竞争者名片，将来咱们战场上见。

唯独李丹的做法很巧妙，每次她都穿着高大上的职业套装去参会，进入会场后绝不坐在群众区。如果我们回忆一下，就能想起大会嘉宾席通常坐不满。但凡看到空位，李丹就无视年龄差距，坦然地坐上嘉宾席，反正也没人查证件。

她认真听讲记笔记，但茶歇时也绝不离席主动招呼人，而是保持高冷玩手机。这时，同席真正的嘉宾们开始互相交换名片、握手寒暄，自然而然也就将她裹挟其中，让她有了回应式地送出名片并自我介绍的机会。如此一场会开下来，所有与会公司的基层员工里，只有她能够结交到很多高端嘉宾。

当然，她的名片内容也进行了适当的修饰和拔高。虽然还谈不上让对方认可和重视，但达成吸引贵人注意力的目的，李丹比绝大多数人成功且毫不费力。

置身于贵人群体之中，能为他们注意到你创造条件，因为你是新面孔。同样，以其他方式制造新意也可以唤起贵人的注意。贵人或者大咖相对年长，阅历丰富；正因为见过太多的世面，所以会下意识地期待遇见不一样的人、有新意的事，帮助他们祛除漫长人生的倦怠。

清华大学最年轻的博士生导师颜宁教授就干过这么件事儿：当年，她想要申请美国普林斯顿大学读博，该校不仅位列常青藤大学 8 校的前 4 所，而且拥有爱因斯坦、图灵、费曼、纳什这样顶尖的科学巨匠，想得到它的青睐绝非易事。何况，作为清华生物科学与技术系的本科生，当时颜宁并不是最优秀的。

颜宁的做法是给招生录取委员会的施一公写信，坦率地说："我觉得自己各方面的能力已达到贵校的要求，我希望把时间花在更有价值的地方。但申请出国太浪费时间和金钱了，如果普林斯顿大学录取我，我就不用再花精力申请别的学校……"这封很个性的来信瞬间吸引了施一公，更激发了他的好奇心。

于是他亲自面试了颜宁，而颜宁当然也没令他失望。就这样，颜宁成了普林斯顿大学录取的首位不按规矩出牌的学生。

颜宁入学普林斯顿大学当然是实至名归，但是符合标准却连面试资格都没能获得的中国学生，每年又岂止上百？好资源永远稀缺，比如世界名校录取委员会的注意力。不出奇兵怕是根本抢不到好资源，因为竞争者太多，比你强的人也不少啊。

入学清华前，我也遭遇过类似小红海竞争，这红海虽然不如一般意义的红海大，颜色却更深。进入面试的都是来自全国的佼佼者，湮没在这深红的海水中如何才能浮起冒泡，唤起教授团的注意和兴趣呢？

更不利的是，身为纯工科院校的本科生，我的文科综合考试刚刚及格。走进面试教室，座未安席，面试四人团中为首的尹教授就严肃地问：“你的文综成绩怎么能这样呢？”不满的目光在镜片下闪烁。原本也是相当内向的我，紧张感却突然消失了。灵机一动，我用自信的语气自嘲道：“理解您的质疑。我本科是计算机通讯专业，从未接触过考卷中的内容。那天从考场离开时，我心中冒出这么一句话，就是‘孔曰成仁，孟曰取义’，

‘而今而后，庶几无悔’。”

——其实这是文天祥就义前的绝笔，特别悲壮，但当时的我却是从香港喜剧《金装四大才子》的文徵明口中听来的，他自称文天祥的后人，动不动就念叨几句。而我用在此处，翻译过来就是：我知道自己考砸了，死定了；但我尽力了，仁至义尽就不遗憾。毕竟都是清华教授，我话音刚落，四位面试官就放声大笑，笑完又问了几个不痛不痒的问题，面试就结束了。没过两天我就得知自己被一位很牛的导师录取了。后来，我听说笔试成绩排全国第一的同学没有通过面试，在被问到“业余时间有什么爱好”时，她呆呆地答道：“就爱看书。”

3. 忠诚兼才华，贵人必认可

我们都知道：曹操这样的老板唯才是举，他可不在乎你仁义不仁义、孝顺不孝顺，“仁孝”可是封建时代的最高道德标准；而诸葛亮用人则要求德才兼备，如果道德有污点，不符合仁人君子的内在条件，才能再高也不用。那么，这是否说明贵人的认可标准并没有公约数呢？非也。不过，这公约数既不是才华，严格说来，也不是道德意义上的完美人品。简单而言，获得贵人认可的必要条件是：贵人认为你忠诚。

忠诚不是古代的效忠或者奴颜婢膝，君叫臣死臣不得不死；而是指诚信，不要为了利益而去损害没有损害过你的人，更不能伤害帮助过你的人。因为就算贵人帮你是在投资你，投资的底线是不亏，哪怕一块钱；所以帮人的底线就是不受害，哪怕一点点。如果贵人帮你不为投资而只为满足自我精神需求，那么同样要保证他的感情不受伤害。行为经济学上有个名词叫作"损失厌恶"，它指同样数量的收益和损失作用于人，损失带来的痛苦会大大超过收益带来的幸福。尤其那些成功人士，他们经历的风刀霜剑更多，自我保护的本能也更强，故而会优先考虑帮你的风险而不是回报。一旦他觉得你不是忠诚的人，损失厌恶效应就会出现，他便不会进一步考虑为了获取回报而帮你的可能性了。

即便是《人民的名义》中那位老奸巨猾的高玉良书记，也会严厉斥责自己重用多年的祁同伟。作为反角，他不是反感祁同伟一贯以来的利欲熏心，而是震惊于祁同伟企图谋杀陈海。在祁同伟早年艰难的求学道路上，陈海一家帮了他太多。既然祁同伟今天能对恩人陈海下手，明天自然也就能对贵人高书记下手。这就难怪高书记大骂祁同伟，想必他也是在骂自己用人瞎了眼。

一个人忠诚时容易结交贵人，但当他不再忠诚后，连新主子新盟友也会看不起他。正如当年明月论述明末汉奸洪承畴，在明朝早就是从一品太子太保，到清朝当带路奸细立了大功，却成了从三品的“三等阿达哈哈番”。几十年后又被乾隆皇帝打入《明史》贰臣传，钉在历史的耻辱柱上极尽鄙视。而忠诚的人受到的推崇则超越领域，超越阵营，更超越时代。譬如已经成为文化符号的名将关羽，虽然性格和能力上都有明显缺陷，但由于有着高度忠诚的人品，互为敌对的刘备、曹操双双对他推崇备至。他死后又历代加封，由侯而公、由王而帝、由神而圣，还成为许多不相干行业的荣誉祖师，直至今天。

在上一次全球金融危机中，负债 80 万元的我绝望地谋求进入某大型风投的工作机会。从包括北清复交哈佛耶鲁的简历红海中杀出重围，又经过两轮面试折腾，我终于来到创始合伙人邹元面前。在进行了基本的对答之后，邹元使出了撒手锏。

他神色严肃地说：“腾讯拥有世界上最好的产品经理，我很喜欢。既然你是腾讯前员工，那么请尽快介绍二十名腾讯的产品经理给我们，这样我才会录取你。这些产品经理我有什么用呢？用处有三。第一，他们本身也是人脉节点，可以给我介绍更多的产品经理。第二，他们如果出去创业我们可以提前得知，作为早期投资机构这非常关键。第三，我们已投的公司可能需要产品经理，有适当的机会可以挖走他们。”

我面无表情地请他容我回去考虑考虑，其实内心戏是这样的：我既要拿下实习机会，但也绝不帮你损害腾讯，哪怕你只流露出一点点这样的可能，我也必须做到不负腾讯不负卿。告辞邹元后，我请前同事帮我联系了几位已经从腾讯离职的产品经理，他们有的跳槽了，有的正在创业。其实邹元并不像他表现得那么严厉，当我给他介绍到第三个产品经理时，他就非常果断地发给了我录用信。

试用期间我给他介绍了六十多位已经离职的腾讯产品经理和总监。后来他由衷地赞扬我说：不仅你的贡献大大超出了我们的预期，你的忠诚更是让我印象很深。由衷地欢迎你选择我们公司任职。试用期结束他立即让我转了正。由于他带我入行，因此，他是我职业生涯中一位非常重要的贵人。

获得贵人的认可，忠诚只是必要条件，但并不是充分条件；忠诚加上才华或能力，充分必要条件才算齐全。

年轻人往往误认为：大咖各方面都比我们强，我们知道的他知道，我们不知道的他也知道；我们又怎能做得到靠见识、才能让他高看一眼，然后欣然悦纳呢？其实，无论怎样的优秀人物，只要是个人而不是神，他的认知空间都是非常有限的。就算是马克思那样被誉为“头脑就像一艘生火待发的军舰，只要一接到命令，就能够立即驶向任何思想的海洋”的伟大学者，他的认知范围也只是大千世界的沧海一粟。

此外我们也要认识到自身的优势，不用妄自菲薄。记得一位中科院院士爷爷曾说，“院士”这种荣誉都是对我们过去的贡献做出的肯定，而不是说我们现在多么权威，对这个领域什么都懂；要论当下的创造力和对趋势的驾驭，还得看新一辈研究人员，尽管他们还没评上院士。

同样，在这个飞速发展的时代，更没有谁能够长时间高高在上、全知全能。信息爆炸使得再优秀的人，其认知的盲点、能力的缺失也是越来越多了。而且优秀者通常年长一些，在层出不穷的变化面前，说不定还不及年轻人反应快、适应能力强呢。拥有更新的知识、独立的见解，还敢于表达出来，后者就比较容易博得前者的认可，尤其当他发现你勇敢跨界的时候。因为，在他的领域你知道得少些无可厚非，但外行无束缚，你就可能给他带来领域外宝贵的新启示。

硕士期间我曾心血来潮想转生物学，尽管本专业是风马牛不相干的新媒体。在生物系我旁听了五门课还考了试，从发育生物到分子生物，从生物化学到生物物理，此外还看了很多很多相关文献，把这个学科的史与论，甚至人物八卦，全都了解得门儿清。

后来我偶遇杜克大学癌生物学中心主任，兴之所至，就和他聊了半小时癌细胞的染色体不稳定性问题，还提出了我的原创新观点。聊完他感慨地说："你一个新闻学院的学生竟然对生物学了解那么深，可见你的热忱；你如果申请生物学博士我愿意写推荐信。"虽然后来我还是选了别的道路，但凭借才智赢得前辈贵人认可，这次我还是比较成功的。了解微观生物学的朋友都知道这门学科有多么琐细艰深；如果说半年的突击学习就足以博得名校教授认可，那么其他领域就更容易，尤其是那些飞速发展的前沿领域：在这些领域，大咖所掌握的比常人多不到哪去，大家都还在探索。

在我看来，超越衣食住行的现实生活，平日里努力丰富自己的精神世界，尽量做到博闻强识，才是结识贵人、大咖、前辈，博取他们认可的最靠谱捷径，而非任何沟通交流的技巧和套路。

曾经参加过波音和 GE 中华区前总裁王建民先生的家庭聚会。王先生年近古稀但精神矍铄、目光如炬。我发现，在参加聚会的小友之中，王先生最看重的不是常青藤或五百强的人，反而特别喜欢和对基督教有些独特见解的后辈聊天，一直兴致勃勃、红光满面，想必那是他业余最感兴趣的领域。获得王总的青睐和认可，甚至可能和他成为忘年之交，对于年轻人而言意味着什么呢？对于有准备的年轻人，自然意味着无限可能。对于愿意付款学习这门课的同学，也是一样。

享寿 112 岁的“汉语拼音之父”周有光老先生有一桩轶事让我印象极深。2015 年他的独子周晓平不幸去世，周有光不堪打击，伤心得住进了医院；当他康复回家之后，亲戚们来看望他，说了些安慰的话。不料周先生果断劝阻了安慰，说：“我们别太关切小我个人的事，还是来谈谈最近世界上又发生了什么大事吧！”——如果 110 岁的老人还能如此关注身外万物、大千世界，年轻人又有什么理由只关心自己的小生活？其实，丰富自己的精神世界本是人生重要的修行，原本不必被博取贵人大咖前辈认可的实用目的所局限。

4. 主动付真心，贵人愿提携

让贵人认可你的忠诚和才华之后，是“获得贵人帮助”这个终极目标。其实贵人对常人只做两件事，还债或者投资——这样就好办。

贵人，心灵比较高贵；比如我这样的，就很不习惯欠着别人。如果别人给我提供了价值，我就不希望他吃亏，逮着机会，早晚都要还债。所以，想让贵人帮到你，主动、真诚付出的心态很关键。

我们容易认为，优秀的人什么都不缺，或者他能轻易满足自己的需求，但往往其实不然。即使我们的地位、资历、成就比别人低很多，我们能给予别人的也比自己意识到的多很多。电影学院的朋友告诉我，你以为那些资产数亿的明星就没有想要结识却又结识不到的人吗？当然有！而且多的是！他们也要找更有实力的投资方，更有能力的发行方，和更有水平的制作方，等等等等；钱不能搞定任何事。自称豪门的范冰冰也有曾被普通高校工作人员禁止上台的经历，何况没有多少知名度的普通人呢。

在不了解他人需求的情况下，或觉得自身价值不足，就创造机会让价值较高的人互相交换。贵人的连接和碰撞产生了新的价值，他们也会记得是你提供的契机，会找适当的机缘回报你。

朋友的朋友安替是“野生”新闻界的传奇。他的原专业是工业机械自动化，毕业多年却始终放不下新闻理想。然后他花了短短2年就成为战地记者，3年就进入《纽约时报》，最后成了《华盛顿邮报》的特约研究员，现在还是少数几位能登上 TED 大讲台的华裔之一。

从机械专业到著名记者，这转折不可谓不大，不可谓不神。他是怎么做到的呢？除了日常的提高英语水平，他还经常跑到北京使馆区去攒局，去请任何潜在的贵人吃饭。用他自己的话来说就是“时刻积累人脉”。回忆那个时期，安替自豪地感叹：“跟老外吃饭是蛮贵的，他们都要吃西餐。而我当时蛮穷的，但是我愿意每个星期花几百块钱去做这件事。为什么？我知道我做的这一切未来对我的回报是十倍，二十倍，三十倍，一百倍。”

就这样，安替做了两年的攒局工作后，突破点不期而至。那就是千禧年在他所攒的一个局里，不起眼的新闻官哈桑升任了半岛电视台北京分社的社长。3 年后伊拉克战争爆发前，中国只有三家国家级媒体拿到战地采访证，包括半年前就提出申请的 CCTV。

作为非科班又无后台的个人，安替得到了第四张也是最后一张采访证，而且他根本没有申请。哈桑社长把他带到大使馆，随便盖了个章，他就去了伊拉克。凭这独一无二的经历，安替凯旋之后声名鹊起，爆红成为著名媒体人。话说回来，哈桑干嘛要帮安替？因为当年他在安替攒的局里结识了后来加速他职业发展的关键人。

除了还债，贵人还喜欢提携那些勤恳能干聪慧，有培养前途的后辈。因为对人才的投资才是回报预期最高的投资。在鼎晖工作时的老上级王树先生告诉我，当年之所以拍板投资长期找不到商业模式，到处融资到处碰壁的马化腾，是因为发现这个产品还很粗糙的小团队已经具备了客户关系管理理念：连创始人都经常用 OICQ 和普通用户聊天，收集用户日常再日常、细节再细节的需求，不断优化用户体验。当时，这种 CRM 意识相当超前，即便放到现在，能做到位的企业也很稀缺。王树觉得：这是腾讯团队相当可贵的赤子之心和若愚大智，迟早能成一番事业，很有投资价值！

除了当伯乐慧眼识珠，贵人们还喜欢发掘投资回报率更高的价值洼地。我的朋友苟先生加入著名企业家俱乐部正和岛，担任最基层的客服。他来自贫困山村，学历一般；而他服务的对象却是柳传志、张瑞敏、鲁冠球、王石、马云、宁高宁、马蔚华、王健林、郭广昌…… 在财富、名望和地位等意义上，双方的差距大到不能以光年计。但苟先生从不自惭形秽，总是锲而不舍地登门拜访这些企业家，挖掘他们的深层需求，为他们量身定制人脉连接和资源对接的服务。

目前苟先生已被任命为正和岛新媒体子公司的 COO。他对我说：当客服的时候，他每拜访请教一位企业家，对谈最少都要三小时，最长可达八个小时，从来不辞辛劳不厌烦琐，以“死磕精神”开发出的企业家会员多达数百名，从而在工作短短四年之后就晋升为公司高管。

可以想象，针对一流企业家进行会员销售绝非易事。销售成功代表着企业家们对销售员人品和能力的极大肯定，这是怎样的分量！他们用高额的会员费和大半辈子的信誉为这位年轻销售员背书，很快便转化成荀先生高涨的身价、飞升的职级甚至跃迁的社会地位。而荀先生在快速崛起之后，又能以更高的效率为贵人们吸纳外部人脉和资源，帮助制造和撮合更多更大的商机。这真是一个多赢的局面！

第4章

人脉不变现，价值少一半

——将人脉意义加以实现的途径、方式和案例

Chapter 4

对于怀有进取之心的多数正常人，人脉可以是那带你直升更高起点的电梯，帮你省却十年、几十年的攀登时间。

在我们的工作和生活中，人脉变现的情况呈现出很多种面貌：学生申请常青藤名校，如果推荐人是中科院院士甚至诺贝尔奖得主，那么成功率就比他人高得多，这是典型的人脉变现。乙方公司竞标营销项目，如果事先熟识甲方掌权的市场总监，通过这层关系拿下了项目，这种人脉变现也不少见，虽然是我们反对的不正当竞争。就行业而言，媒体、猎头、职场社交网络是标准的人脉变现行业。而各种商会、协会、理事会、驻京办事处等也是旨在帮助人脉变现的机构。著名的耶鲁大学骷髅会就是进化到顶峰的人脉变现机构，因为他的会员从事的都是所谓“总统的交易”。

这些现象、行业和机构的存在，说明在整体上，人脉是被社会所鼓励变现的。因为一切有价值的东西都理应充分发挥它的价值，人脉也不例外。虽然，使用我前面倾囊相授的方法，获取人脉的过程已经变得轻松多了，但成本毕竟还是存在。如果人脉不能变现，不能实现它的价值，那我们就对不起付出的时间和精力；从一开始，我们就该静下心来去做一个不太需要人脉的匠人。诚然，实现人脉变现有一个原则，那是依法依规，决不乱来。不能指望靠人脉圈子和所谓的达官贵人，去谋取或小集团的私利。若是那样怀着私心去获得人脉关系，其结果往往妙。当下，此类案例和教训多矣，应当引起我们的警觉。

心无旁骛地做好匠人当然也是令人相当尊敬的人生，甚至当这匠人取得相当的成就之后，无论他有多么内向腼腆，都会吸引大量的人脉主动过来连接。前不久乌镇互联网大会“东兴”局上的马化腾就是极好的例子，我们都知道 Pony 在创办腾讯十几年后，上台说话仍然会脸红不敢看观众。连接 9 亿用户的“微信之父”张小龙也是一个内向到孤僻沉默的人。

但我们必须认识到这样的人是极少数，他们的人生他们自己都不可复制，他们的成功包含着连续很多个重大的天赐好运；绝大多数聪明勤恳但起点平凡的人，生在哪里，便在自己的圈子、自己的阶层活一辈子。就像我的母亲，一位智商碾压俏黄蓉、勤恳堪比“大堰河”的工科教授，她说自己一辈子的活动范围就在学校这方圆 300 米。母亲的收入目前达到顶峰，但只是我的十五分之一。与此同时，她的朋友和人脉我数来数去似乎不超过 10 个。

在这个所谓“物欲横流”，提倡“节制欲望”的文章到处刷屏的时代，母亲是一个纯天然的“零欲望”怪人。而我也被遗传得很厉害，经常焦虑自己没欲望就不思进取，不进取就没钱没地位，没钱没地位就会遭逢英雄落难而爱莫能助，想探索真理却没钱做研究。当然，我俩淡泊宁静没有关系，只要你们赞成“人往高处走”就可以啦。就算自己没有兴趣，还能不为下一代考虑么?

（一）人脉是电梯

对于怀有进取之心的多数正常人，人脉可以是那带你直升更高起点的电梯，帮你省却十年、几十年的攀登时间。

最近，吴秀波监制并主演的网剧《军师联盟》由于制作精湛而成为热议的焦点。这部剧里，男主角司马懿因为“心怀汉室”且反感曹操的残暴而拒绝入仕当官，为此还不惜施苦肉计，用马车轧断自己的双腿。如此惨烈的断腿当然是编剧编的，历史上司马懿确实装病长达七年，婉拒了曹操幕府的徵辟，但绝不是由于前面的原因。事实上，司马懿只是在蛰伏敬候一个更高的人生起点罢了。

为什么这样说呢？因为当时曹操的谋士文臣主要分为山东的兖州派与河南的颍川派，颍川派比兖州派的势力要大得多。像曹操五大谋臣排名第一的荀彧就是颍川派，排名倒数第一的程昱就是兖州派。而司马懿是河南温县人，从籍贯上天然更接近颍川派，他本人也清楚：如果加入颍川派，被贴上颍川名士的标签，那他的事业前途无疑会比加入兖州派光明得多。

不巧的是，有位兖州派谋士魏种很欣赏司马懿，就向曹操举荐了他。司马懿非常明白：如果加入兖州集团，事业起点就低得多了，前面的道路也说不清楚，更何况魏种这人还严重得罪过曹操。怀着这样的考虑，司马懿借口风湿关节炎，在家休养了七年；直到他和几位才俊被颍川派领袖荀彧一起举荐，这才痛痛快快地出山，一举成为曹丕的伴读人员，和未来的权力核心建立了很深的信任和感情。到了曹丕称帝之后，司马懿升官的速度比火箭还快；再到 7 年后曹叡称帝，司马懿已经成为托孤辅政三大臣之一，开始手握兵权了。

如果当年司马懿接受了魏种举荐，选择了兖州派的人脉，估计他一辈子都爬不到足以和对立面诸葛丞相相抗衡的权位高度。司马懿固然是已经定论的厚黑人物，你若要问正派、磊落的诸葛亮出山之前是不是除了耕地就是睡觉，从来不屑人脉呢，那显然也不是，否则为啥刘备找他第三次才在家呢？历史上，诸葛亮的老师司马徽是当时的大名士，好友徐庶、孟建、石韬、崔钧等人都是小名士，后来全都成了权倾一方的官员。另外，诸葛亮和庞统是亲戚，庞统素有“南州士之冠冕”的美誉；诸葛亮的岳母是荆州最大豪族蔡讽的女儿，岳父则是坐拥荆州的刘表的连襟。像这样以人脉烘托的高起点，我想如果是孙权来请，估计是请不动的。

从政如此，从商也是一样的。

史上最著名的人脉变现故事当属罗斯柴尔德家族的发家史。罗斯柴尔德家族是世界久负盛名的金融家族之一。在19世纪的欧洲，这个名字就是金钱和财富的代称。他们在战争中大发横财，控制了许多国家的货币和债券的发行权，还从事证券交易和保险业务，投资工商业、铁路和通讯业，发展钢铁、煤炭和石油等行业，其影响渗透到欧美及殖民地经济生活的各个角落，可谓是翻云覆雨，名震一时。

罗斯柴尔德家族事业的开创者叫梅耶·罗斯柴尔德，他有三代祖传的金币收藏知识和丰富的藏品。在银行当学徒时，他结交了爱好金币收藏的冯·伊斯托弗将军，从他口中了解到普鲁士王国的威廉王子也是狂热的金币收藏家，于是通过亲自编辑精美、全面的《古钱手册》并邮寄给皇室，成功结交了威廉王子。在梅耶数次以低价卖给王子稀世罕见的金币之后，王子也觉得不太好意思，就问他有什么需要帮忙的；梅耶不失时机地提出想要成为宫廷正式代理人，一举如愿以偿。此后，梅耶在自己的招牌上镶嵌皇室盾徽，并在旁边用金字标明，自己是王子殿下的代理人。自那以后，梅耶的信誉度和知名度就不断提高，再加上能从皇室得到稀缺的经营特权和关键资源，从此奠定了家族财产的基础，生意越来越红火。

从历史的深处收回目光，在我身边也曾发生过借助人脉原地起跳，跃入高端金融平台的传奇故事。

多年前，我的学妹思霖刚毕业就拿到了摩根士丹利的 offer，年薪 45 万港元起。请注意，我们学院不是清华经管，而且当时毕业生平均年薪还不足 5 万。就算是经管学院那边，征服大摩的学神也是寥寥无几，更别说学妹还同时拿下了高盛。于是水木社区求职版上铺天盖地的羡慕嫉妒恨，甚者还将学妹誉为山寨版邓文迪加以捧杀。

当然学妹并没有去变现一位山寨版默多克，早早把一生交代给风烛残年的老大爷。她只是抓住一切机会去蹭经管学院的各种沙龙各种会，向金融领域的大咖们展示自己对入行的热情，同时结交那些有可能给予她关键推荐的人。在我们庸俗的想象中，那就跟冒充亲属蹭婚宴的陌生人差不多。反正一来没保安查门票，何况还是本校的学生；二来做投行原本就要求你长袖善舞，人际交流和沟通能力是必备素质甚至技能核心。

更狠的是，无论学业有多紧张，这位学妹每个周末都会雷打不动地打飞的去香港，参加投行人士的各种聚会甚至娱乐活动。虽然表面上这种交际既辛苦又无聊，大部分时候都是端杯饮料和陌生人尴尬地聊天；但是，就像胡适先生常说的“为者常成，行者常至”和“失之东隅，收之桑榆”，看似做了数不清的无用功，其实功到自然成：进入求职季的某天思霖终于获得了金融圈重量级人物的欣赏和推荐，在与数百名管院学生的竞争中一路过关斩将获得当年最大的offer，抛下一群目瞪口呆继而咬牙切齿的我们。

如果仅从收入和职场地位的角度来衡量，后来我又奋斗了整整6年，眼睛坏了背也驼了，这才勉强达到她当时的高度、同时也是她职业生涯的起点。而我还有更多的同学，直到现在也没到达那里，或者一辈子也到不了那里。

（二）人脉是商机

如果并不想名垂青史或者登上社会巅峰看世界，就想踏踏实实赚俩钱，平安富足过一生，人脉当然也可以变现为直接的商机，只要你有务实的精神。

我的朋友，深圳的小文是中型科技公司的销售人员，虽然是个“90后”，但年收入已经达到两百万。他的产品单价高、需求少，起初并不好卖，但即便不能成功开发客户，他也会把对方的名片信息输入脉脉，在那里构筑起一个越来越大的人脉圈。这些一度人脉很快给他带来了更多二、三度人脉。像我一样，他也锲而不舍地申请他们成为一度人脉。让我感到好奇的是，虽然我们启用脉脉的时间相差不远，他的影响力排名是互联网行业榜单上的第七，而我大概是十万开外；他的一、二度人脉超过100万人，而我才20万出头。

我问他秘密何在，他回答说：“在申请成为一度人脉前后，我都会尽量和对方多说两句，还会坚持每天请求和更牛的人交换电话。总有部分牛人会同意。日积月累，当脉脉里足够多职场牛人的手机号你都拥有之后，算法自然会把你的排名放在高处，每天主动来加你的人也就更多，你想换到牛人的手机号也会更容易。这是个一举多得的正反馈。”

拥有如此庞大的高素质职场人脉，小文不仅本职工作的推进容易多了，还四两拨千斤地做起了结构洞生意：让陌生人有偿接入他的庞大人脉网，快速地囤积人脉。简单说，别人花上一百元钱就可以和他成为 LV3 的一度人脉关系，那么凭借脉脉的算法，该人通过小文这个人脉王而连接上的人脉就是几万、甚至几十万人之巨，绝大部分都是高质量人脉。这些人脉的价值又岂是一百元钱所能衡量的呢？而在小文一方，仅凭这一项简单业务的收入，每年就接近 80 万元。双方都不吃亏，两边都赚大发了！

另外一位朋友、南京曹先生变现人脉的方法也很简单粗暴：他在世界五百强工作了七八年，最后一个职位是分公司总助，离职时积累了大量的高管人脉。这时他把一条信息通过各种渠道广播出去，说自己认识海量的大公司高管，如果广大中小企业的管理人员需要结识这些高管，那么他可以撮合对接，1000元一单。具体而言就是把双方拉到同一个微信群里，介绍他们彼此搭上话，固然负责不了事情能不能谈成，但大家也都能够理解。当然，为了自己的信誉，在决定撮合之前，曹先生会对需求方做基本的背景调查；决定撮合之后，也会帮忙设计合适的话术，促进目标人接受需求方的沟通请求。就这样，在短短一个月时间内，曹先生成功对接了数百单，变现了数十万元。

北京的邱先生在更大尺度上利用信息不对称变现人脉。邱先生的老家在十八线城市，他有机会经常往返于北京和老家之间，于是渐渐熟悉了近年来老家崛起的一批小老板。这帮老板从事传统行业，年净利润大概在几百万，平时有钱又有闲，终日枯守小城，甚感了无生趣，便很想有机会体验不同的人生，同时满足那小小的虚荣心。邱先生抓住了这个群体的需求之后，就运营起一个皮包公司，发起活动、组织他们到北京来玩二十天，每人所谓的体验费是20万元。活动的内容包括今天吃吃土特产，明天见见运动员，后天和知名演员握个手，大后天去北大瞻仰老教授。最后一天颁发烫金大红证书和一包别出心裁的纪念品。一个月下来，双方都觉得人生充实了、收获特别大——邱先生轻而易举赚了很多钱，营员们则丰富了酒后饭前的谈资。北上广深的白领金领们无法想象还有这样一种人类，而邱先生却认为这个人群其实不算小，但如果不跳出一线城市的圈子，就很难意识到他们的存在。中国实在是太广大了。

第四个故事算是邱先生案例的机器版，因为主角是一个应用，名叫“CKS”。从表面上看，“CKS”的活跃用户不多，甚至谈不上十万级，在互联网人看来，这根本就是个既融不到资又卖不出去的失败产品。但了解内情的人都知道，“CKS”团队活得很滋润，这个应用很赚钱。例如，“CKS”发起过一个活动：组团到北海道吃某种特殊、珍奇的鲜鱼生，每人 8 万元人民币，吃完各走各鸟兽散，还不包机票和住宿。像我等普通人可能自己就去吃了，感觉 8000 块完成这次旅行绰绰有余。可就有一帮视金钱如粪土、只在乎新奇体验的土豪，不由分说就参团，限定 60 个名额一夜之间就被抢光。这次活动结束后，“CKS”的净利润是 120 万元。而“CKS”其实经常组织类似的活动。

为何竟会有这样的人群？为何有钱不省着花？还是那句话：中国实在是太广大了！这“广大”既是地域的辽阔，又是国情的复杂。相对于这“广大”，每个人的生活范围与认知世界就显得尤为狭窄：十八线市民眼中的正常，可能会让一线市民觉得怪异；而一线市民司空见惯的人和事，却可能使十八线市民拍案惊奇。既然不同人群的认知有着巨大差异，很有可能“彼之瓦砾，此之珠玉”但彼此还不知道，这就为人脉变现提供了空间。想想吧，即便是一个区域之内，房产中介还能利用信息不对称赚我们几万块钱呢，更何况是相隔几百上千公里的两地？所以说，和很多行业一样，商业上的人脉变现并不高深，本质上仍然在利用信息不对称，只是由于信息环境差异更大，所造成的信息不对称更大，变现的空间也更大罢了。

（三）人脉是资源

除了利用信息不对称来变现人脉，我们还可以多多关注不同人群的需求与资源互补性。通俗地说，就是我需要的资源你充裕而你需要的资源我也正好过剩，只要给双方搭上线，变现人脉就是一拍即合、轻松愉快的事。

我姐姐的同学冯先生毕业于某著名高校的成教班，他成功变现了本校的国学教授，用 5 年时间赚到了整整 1 亿元。大家应该有印象：比起普通高等教育，成人高等教育的学历含金量逊色不少；该名校的天之骄子们都赚不到这笔钱，他这个普通人又是怎么赚到的呢?

冯先生的商业洞察力很强，熟悉大学环境以后，他发现：大学教授的社会地位都很高，但是经济地位主要取决于手中项目的分量。总体上，文科教授能够申请到的项目数量和质量远远不如理工科教授，尤其是那些国学教授们，可以说“社会地位高而经济地位不高”。但只要是人，即便是精神世界非常富足的国学教授，都不反对提高自己的经济地位，改善自己的物质生活。

那么，怎样的人群又是国学教授的互补面呢？自然是那些经济地位高但自感社会地位不太高，精神世界也有待升华的商人和中小企业主。近些年，这个人群里的相对年轻者入读名校MBA班非常积极，但更多40岁以上的人就有点读不动了。发现国学教授和中小企业主们的需求和资源完美互补，冯先生马上游说教授们，组织他们开办了面向社会的国学智慧班；课程设置从文学到哲学，从棋艺到太极，从管理到领导力，实至名归都是国内第一流水平，足以给学员镀金。

那年是2002年，工信部还没有督促运营商整治垃圾短信，冯先生就运营起一个呼叫中心，又以非常低廉的批发价购买了很多十八线城市的手机号段，让呼叫人员去发广告短信并提供报名咨询，无非网络经济先铺流量再提升转化率的常见手法。就这样，在随后5年中，他吸引了数万名中小企业主从各地赴京聆听国学大师们的教诲，而他本人与国学教授们都赚得盆满钵满，深受理工科教授们的羡慕。

刚知道冯先生的掘金故事时，我很不解地方土豪们为何要花学费数万来听不怎么实用的国学，自己在家就不能学？后来才知道，几万元学费对于我很贵，对于土豪们就是九牛一毛；拜师名校名门的光环和结交同道高端人脉才是他们眼中的无价之宝。而对于“既有闲又缺钱”的国学教授们，有谁不愿“为往圣继绝学”制造更大的影响力，接纳更多的继承人？顺便的，又有谁跟钱这东西过不去呢？孔子主动披露他自己收徒，也是要收十条肉干做学费的嘛。

同样，我弟弟在某县级市当副市长，主管科技；此前他从本科到直博，在另外一所名校待了整整十年，非常清楚理工科青年教师的情况：比起教授、博导，他们能争取的好项目也不多。赴任一年后他联系我，说地方企业经常把技术和人才需求报告提交到县市科技局，科技局又会汇总提交到北京上海的名校，但学校意识不到为青年教师创造项目的好机会来了。那我们是不是可以做一个平台，专门变现这些学富五车却又囊中羞涩的高校青年教师人脉呢？

没等我击节赞叹，他又告诉我他已联络了一些高校青年教师来为地方企业撰写专利，当然，费用由企业来付。这点费用对企业来说不算什么，但是青年教师的收入一下就上去了。我说我也有四个发明专利，并没给我带来收益呀。他回答说，这你可就不懂了；按照国家规定，拥有一定数量发明专利的企业可以申请高新技术企业资质，申请成功了，具备这种资质的企业就可以享受一定的税收优惠减免。对于一家企业来说，有时候减免额是很可观的呢。

此类人脉关系的变现，必须引起思想上的警惕。因为这种人脉关系涉及到姐弟俩又牵涉到金钱报酬等等，在具体操作时，务必“打开天窗说亮话”，决不搞“暗箱操作”，一定要符合当时当地的法律法规和有关规定，否则，还可能好心办了错事。

（四）人脉是奇迹

上面是整整九个人脉变现故事。它们有政、有商，有古、有今，有中、有外，有线下、有线上，有的利用信息不对称、有的对接互补性资源。不过，无论是组织国学教授们从十八线赚到上亿，还是用古钱币手册钓到王子后造就了撼动欧洲的金融家族，私以为，他们的人脉变现都尚未达到最高的境界。ROI 最高的人脉变现，是我妈妈实现的。尽管，从埋下善缘到人脉变现，时间拉得很长，但最后的回报是一个巨大的奇迹，不能以任何金钱或权力的价值来衡量。

1988 年七八月间，一位县城中学看门人，向他表姐，也就是我妈妈，推荐了该校一名高考成绩出众，但由于轻度残疾而被众多名校拒收的男生小方。以当时的政策，这种残疾考生在可收可不收之间，但小方家庭贫寒、毫无背景和关系。

我妈妈也是教师，了解到他志在医学，就请自己在某医学院担任团委书记的闺蜜帮忙。小方超过该校录取线好几十分，当然还因为有团委书记打招呼，很顺利就被该医学院录取为本科生。

后来的若干年小方格外争气，靠自己的能力考入了另一所医学名校，还获得了博士学位，继而一步步成为主任医师、教授、少壮派博导以及含金量很高的省杰出青年基金获得者，彻底改变了当初差点回家种一辈子地的命运。我妈妈有时获悉他的进步，只是为他高兴，但以她的单纯，从没想过小方该不该报答自己。

16 年不知不觉过去了，一天晚上我 85 岁高龄的外婆突然肠梗阻排不出大便，好不容易捱到天明，送到本市最好、理所当然也是最挤的医院急诊室，外婆已是腹胀如鼓肚子大过怀胎十月，由于肠道废物产生的毒素进入循环系统，她开始视线模糊神志不清，心跳从每分钟 60 几下加速到 100 多下，又升高到骇人的 200 多下。

急诊医生认为应该通过手术开刀。但问题是，本部病人实在太多，短时间内很难排上手术床位；而且八旬老人手术风险太大，万一下不了手术台呢？谁来担责？于是，医院下达病危通知书，对我家人说：你们，准备后事去吧。

外婆的小女儿、我的姨妈当场就哭崩溃了；这时，唯一能够保持冷静的妈妈突然想到了 16 年前曾帮过，但平时君子之交淡如水的小方。当时已经是另一个科室主任医师的小方了解到我外婆危在旦夕的情况，立即以超音速帮她加塞儿联系了一台手术，几经抢救，终于把她从鬼门关上拽了回来。后来又是化疗、巩固治疗……充分地调动了这所著名医院的高端资源。病理检验结果是，外婆被确诊为肠癌中晚期，但家人至今都没让她知道。

不知不觉又 12 年过去了，现在的外婆已经“芳龄”95 岁，成为家属院里 NO.1 的老寿星，甚至没有外人知道，她得过只差一点就终告不治的晚期癌症。

有天妈妈微信跟我抱怨说：“哎呀，你外婆精力异常充沛，头脑超级清晰，控制欲非常强烈，上管天下管地中间还要管空气，从自己的老保姆一直管到特朗普，我们谁也控制不住！”我嘿嘿一笑说：“自己救回来的妈妈，管住管不住都是你最大的幸福。”

对了，补充一个重要细节：我妈妈是专业学机械的理工女，内向者中的战斗机，基本不社交，更不会来事儿“搞关系”。在网上，和她交流的人经常觉得她说话的方式很机械，甚至会怀疑她是不是人工智能。

这就是我家的真实故事。我认为，这才是人脉变现的最高境界。这条很不起眼的，而且雪藏了十几年的小小人脉既没有变现成金钱、美色、名气，也没有变现成权势、身份、起点，却变现为自己最亲爱的外婆十几年来可称健康平静的生活，让她看到两个曾外孙的出生，让她从电视用户成为微信铁粉……

后记

一点真心话

在这薄薄的一本书中，从人脉是什么，到人脉有什么用，到人脉对谁最有用，再到人脉怎样才能为你所用；从获取人脉的前提，到获取人脉的工具，到获取人脉的案例，再到获取后人脉的变现，我们仿佛讲到了关于人脉的一切，又仿佛意犹未尽。只是作为主笔的我，却陡然生出一种无聊感，就像当年明月在写完长达 276 年的《明朝那些事儿》之后，感到“真没意思，没意思透了”！

人脉不是我的兴趣，回到我们开章明义讲过的话：人生苦短、精力有限，我不提倡夸大人脉和社交的作用，也不提倡把太多心血花费到人脉设计和人脉钻营上。像《蜗居》男主角宋思明说的“关系这东西啊，你就得常动”这样，我是绝对不赞成的。世界上比人脉有意思的领域实在太多，比如生物学，比如历史学，比如科幻，比如音乐、绘画和马术。作为博雅教育产物的我，宁愿热爱并钻研这些。

但如果我们想从人脉获益，这一切与之并不矛盾。因为那则格言说：“不要去追 匹马，要用追马的时间来种草。待到春暖花开时，就会有一群骏马任你挑选！”一个10分的人，不可奢望100分的强人成为他的人脉；但如果他先奋斗到八九十分，甚至能和100分强人并驾齐驱、进行价值交换，那么他要俘获对方为人脉，往往只是一次相见、一句寒暄，甚至一个微笑的事。进一步，你自身的价值越大，来找你交换的人才会越多；你能与之交换的人，也就是可以获得的人脉，也才会越多。所以说：你若精彩，人脉自来；你不优秀，认识谁都没用。时刻把自身素质提高和价值建设放在首位，我们才能在快速找到人和结识优秀人物的道路上顺利前进！

俗话说，近朱者赤，近墨者黑。又说，近君子，远小人。这就明确告诉我们，在结交和构建人脉关系时，务必处以公心走正道，为谋个人进退或私利，拉帮结派拉所谓的人脉小圈子是万万不行的。君子爱财，取之有道，构建人脉关系也要谨记此理。

图书在版编目（CIP）数据

朋友圈的人际高手 / 诸葛思远著. -- 南京: 江苏凤凰文艺出版社, 2018.6
ISBN 978-7-5594-2092-3

Ⅰ. ①朋… Ⅱ. ①诸… Ⅲ. ①心理交往 - 通俗读物 Ⅳ. ①C912.11-49

中国版本图书馆CIP数据核字（2018）第096242号

书　　名	朋友圈的人际高手
作　　者	诸葛思远
责任编辑	邹晓燕　黄孝阳
出版发行	江苏凤凰文艺出版社
出版社地址	南京市中央路 165 号，邮编：210009
出版社网址	http://www.jswenyi.com
发　　行	北京时代华语国际传媒股份有限公司　010-83670231
印　　刷	三河市宏图印务有限公司
开　　本	880 × 1230 毫米　1/32
印　　张	7.25
字　　数	180 千字
版　　次	2018 年 6 月第 1 版　2018 年 6 月第 1 次印刷
标准书号	ISBN 978-7-5594-2092-3
定　　价	49.80 元